株の学校

超入門

株の学校ドットコム
柴田博人 監修
窪田 剛 著

高橋書店

株で勝ち続けるための第一歩
【本書の重要ポイントと読み方】

世の中には多くの株の本や雑誌が氾濫しています。しかしほとんどの人は、これらをいくら読んでも株の世界で挫折してしまうという現実があります。

それは株の世界に実在する「**長期投資（投資）**」と「**短期トレード（トレード）**」という二つの世界を理解し、区別できていないことが、いちばんの要因です。

残念なことに、初めに学ぶべきこの最も重要な概念を重視しないまま、株の知識や情報をインプットしてしまう人が非常に多いのです。

その結果、情報に矛盾が生じます。多くの人は矛盾を抱えたまま取引を始めてしまい、自己資金を失い、株のマーケットから退場していきます。

一方、この区別を把握したうえで株の情報をインプットすると、知識や情報の矛盾はなくなり、短時間で的確な選択ができ、混乱せずに実践の場で資金を増やしていけるのです。

そこで本書では、株で勝ち続けるために最も重要で、最初に学ぶべき、「長期投資と短期トレード」の区別を理解し、自分がどのスタイルで情報を入手し、学び、実践していくべきかをわかりやすく説いていきます。

株での運用を行ううえでの目標や条件などから、**自分が長期投資派なのか短期トレード派なのかを見極め、必要な項目だけを拾っていけばいいようになっています**。

よって、自分に必要な情報・指標・ニュースは何かが的確にわかり、スムーズに知識や情報を集め、株で勝ち続ける土台を作れるようになります。

本書は受講者数80万人を超え、第三者機関が受講者数日本一と認めた、株についての教育機関である「株の学校ドットコム」主宰の窪田剛が執筆し、柴田博人が監修した、これまでにない「株の入門書」です。

ここから、株で勝ち続けるための第一歩が始まるのです。

●本書では「長期投資」と「短期トレード」の区別について、各項目に以下のマークをつけて分類しています。

投資 トレード ……長期投資・短期トレードに共通する基本

投資 ……長期投資に特化した項目

トレード ……短期トレードに特化した項目

巻頭1

株には二つの世界がある！

100メートル走かマラソンか

株の二つの世界を陸上競技にたとえると「マラソン」と「100メートル走」に分けられます。

100メートル走でよい成績を出したいときは、短距離専門のコーチのもとで瞬発力を鍛えるでしょう。食事や身体作りにおいても、短距離選手としての専門性を磨くはずです。

逆にマラソンで記録を作るなら、瞬発力ではなく持久力を上げるトレーニングをしていくでしょう。同じ陸上競技とはいえ、マラソン選手が100メートル走の選手と同じ練習をしても、いい成績など出せません。

これは株の世界でも同じ。陸上競技に長距離と短距離があるように、**株の世界にも「長期投資」と「短期トレード」という世界があります。**

長期投資では長い期間をかけて資金をじっくり増やしていきます。10年で2倍になれば大成功です。一方、短期トレードは数日から数週間という短期間で資金を運用し、1年で倍かそれ以上の運用益を目指します。

陸上競技にたとえると……

同じ競走でも

やるべきことは全然違う

株の世界でも

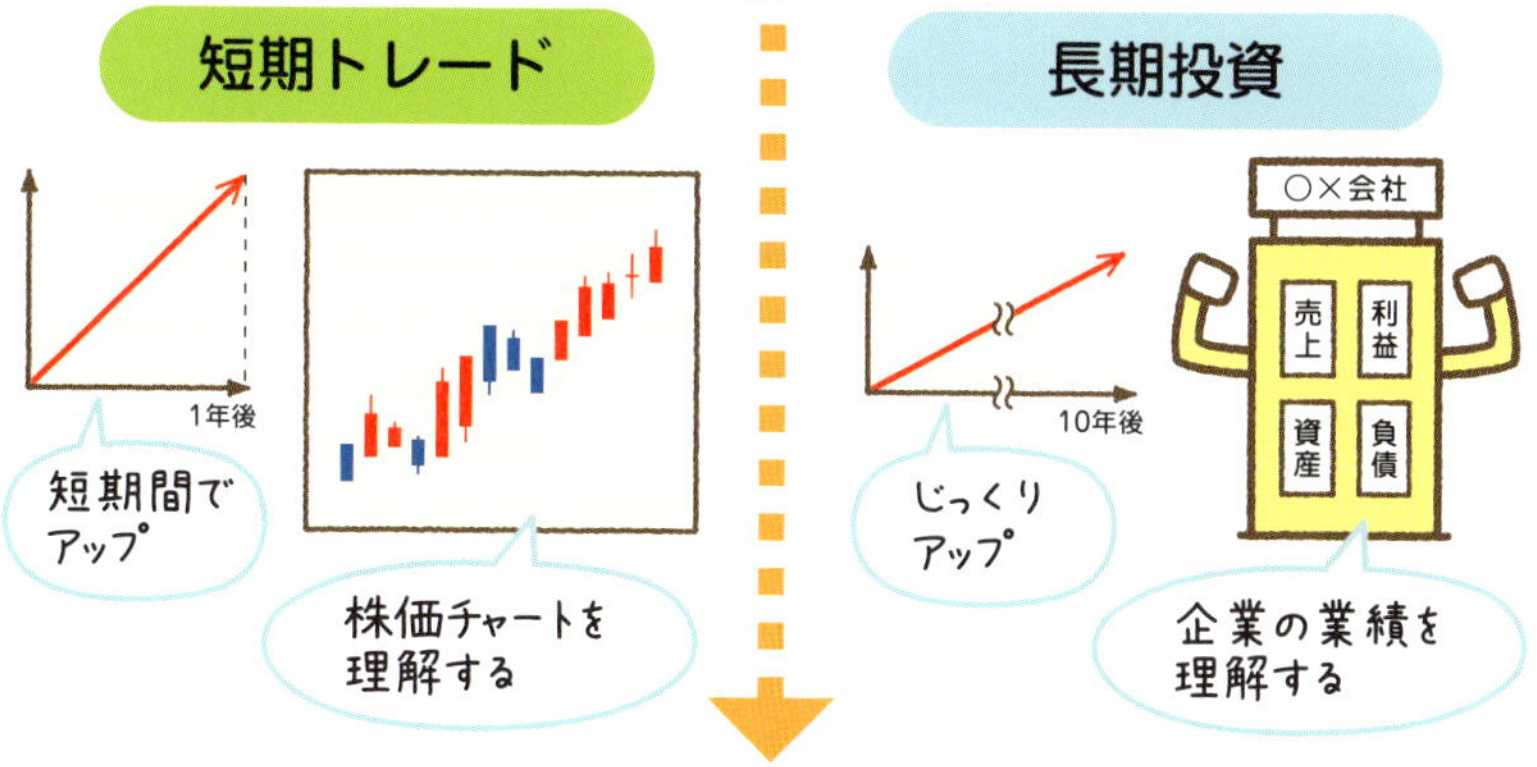

やるべきことは全然違う

巻頭 2

最高益更新のニュース……でも株価が下がる不思議

いいはずなのに損してる?!

業績の良い会社の株を買ったのに損をしてしまうことはよくあります。業績は好調なのに株価が下がっていく。「なぜだろう」と混乱している間にも株価はどんどん下がり、ついには、証券会社の口座を見るのすらやめてしまう……。誰もが経験する、よくあることです。なぜこんなことになるのでしょう?

簡単に説明すると、**株価は好業績を見越して、ニュースの発表前に十分上がってしまっていることがよくあります。**のちにニュースでそれが確認されると、下落に転じてしまうことがあるのです。

こんなことも、株を始める前に、本書を使ってしっかりと「株の基礎」を学び、「長期投資」と「短期トレード」の二つの世界を理解しておけば十分対応できます。

結果

株価DOWN
ガッカリ
予想していたのとたいして変わらなかった

株価UP
ビックリ
予想以上に業績が伸びた!

スポーツの世界

金メダル候補の選手

金メダルを期待していたのに銀しかとれなかった

たとえメダルをとったとしても

落胆 ＝ 期待はずれ

入賞も期待されていない選手

まったく期待されていなかったのに銅をとれた!!

たとえ銅メダルだったとしても

驚き ＝ ポジティブサプライズ

株の世界

超優良企業

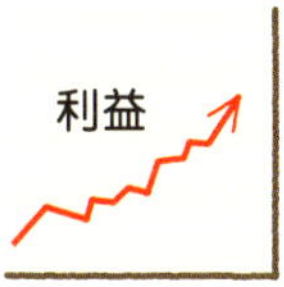

1000億円の利益予想で980億円だった…

たとえ業績を上げたとしても

落胆 ＝ 期待はずれ

ふつうの企業

ヒット商品で利益急増。10億円の利益予想が15億円に!!

たとえ優良企業ほどの利益でなくても

驚き ＝ ポジティブサプライズ

無料ウェブサイトとCD-ROMで学べる

実録! 動画で解説

日本一やさしい株の始め方

勝つポイントと銘柄選び

「株取引は難しいから、誰かに直接教えてもらいたいな」

「文章を読むだけじゃ、いまいちわからないよ」

と、過去に株の本や雑誌を読んで思ったことはありませんか。

実際に株取引をするうえで重要であるにもかかわらず、文章だけではうまく伝えきれない部分があります。

なぜなら、実際に株の売買がパソコンやスマートフォンの画面上で行われるからです。さらに、取引に必要でありながらもわかりづらい用語が多くあるからです。

そこで本書では、これから株を始めるあなたにとって、とくに大切なポイントを、実際の取引・検索画面を使いながら、次の五つの動画で説明します。

1 株で勝つための投資とトレード

2 勝つための銘柄選び(投資編)

3 勝つための銘柄選び(トレード編)

4 勝つための具体的な注文方法

番外編 5 講師が利用する証券口座の作り方

その❶ 株で勝つための投資とトレード

株を始めるにあたってまず、必ず理解していただきたいのが**「投資」と「トレード」の違いです。**

本文でも説明していますが、この二つの違いで「銘柄選び」や「勝ち方」が変わります。また、この違いを知らなければ、どんなに努力しても勝てるようにはなりません。一方で、勝ち続ける人は違いをしっかり理解しています。

その❷ 勝つための銘柄選び（投資編）

その❸ 勝つための銘柄選び（トレード編）

投資とトレードの違いを理解したうえで重要なのが「銘柄選び」の方法です。国内だけでも何千とある銘柄のなかから取引に適した銘柄を、いったい、どうやって選べば良いかわかりますか？

じつは株の売買をする多くの人は、株の銘柄を自分では選べません。なぜなら、どういう基準で選べばいいかがわかっていないからです。

その結果、「雑誌でおすすめの銘柄だったから」「テレビや新聞で話題になっていた会社だから」「インターネットの情報サイトに、この銘柄がいいと書いてあったから」というように、つまり、他人の意見に左右され、雰囲気や気分で買ってしまっているのです。

それは最初から負けるゲームに参加するようなものです。それに、雑誌やインターネットなどですすめられている銘柄はもう、「賞味期限」が切れてしまっていることも往々にしてあるのです。

そこで、**自分で銘柄を探せる方法を「投資編」「トレード編」に分けて、二つ目、三つ目の動画で**

解説します。

あなたが開く、本書で紹介する証券会社が提供している機能を使っていきます。

あなたが実際に銘柄を選べるようになります。さらに自分なりにアレンジを加え、自分なりの勝ちパターンを見つけていくことができます。

その❹ 勝つための具体的な注文方法

この動画では、自分で選んだ銘柄の買い注文・売り注文の方法について、証券会社の画面を使って説明します。


「指定した値段でうまく買えない」「利益確定しようと思ったが、どんどん動く株価に翻弄されてタイミングを逃してしまった」

そんな理由で大切なお金を大きな損失に変えてしまうなんていうのは、実際よくあること。

また、「これは買いだな！」と思ったのはいいが、もたもたしているうちに、どんどん価格が上がってしまい、思っていた値段で買えなかった……なんてことも、初心者によくある失敗です。

でも、ある注文方法を知っておけば、こんな失敗は防げるのです。

そこでこの動画では、事前にセッティングしておけば、**利益になる箇所で自動的に売買してくれる注文方法について詳しく解説します。**

この「勝つための注文方法」は、本書の著者である窪田はもとより、専業トレーダーと呼ばれる株で勝ち続ける人たちが日々使っている

ものです。実際にどんな注文方法を使って勝っているのかを、彼らが推奨する証券会社の画面を使いながら説明します。

番外編

その❺ 講師が利用する証券口座の作り方

最後に番外編ですが、ロケットスタートを切るために必須の内容です。

多くの人が最初につまずいてしまうのが、たくさんの「証券会社」のなかから一つを選んで、実際に証券口座を開設する手順です。

なぜなら、証券会社は金融機関でもあるため、使う用語や手続きのしかたが、ハッキリいって非常に難解なのです。そのため、内容をしっかり理解してから口座を開く人は、本当に少ないのです。とはいえ、**いいかげんに口座を開設してしまうと、後の納税時に非常に苦労したり、勝てるはずの取引で勝てなくなってしまったりすることがあるのです。**

この動画では、講師が使う証券会社を使い、一つ一つ丁寧に、入力方法やなぜその項目を選ぶのかまで解説します。

＊＊＊

この五つの動画を見ることで、初めての人でも株で最初に勝つためのスタートが切れます。損失を利益に変えるポイントでもあるので、ぜひご覧ください。

特典映像を見るには

5つの特典映像はすべて無料でご覧いただけます

特典映像は付属のCD-ROMをパソコンに挿入して視聴するか、インターネットで指定キーワードを検索、もしくは視聴サイトに直接アクセスすることでご覧いただけます。

特典映像を専用サイトで見る

（スマートフォン、タブレットからでもご覧いただけます）

【１】本書127ページにある検索ワードまたはURLから、専用サイトにアクセスしてください。

画面右側の「MENU」欄から ❶❷ のタイトルをクリックすると動画が切り替わります。

ご覧になりたい動画を選んで、画面上をクリックしてください。動画がスタートします。

※画面右下（赤丸の箇所）で音量を調節できます。

【２】❸❹❺の動画をご覧になるには、画面下の黄色いフォーム空欄に「お名前（姓）」と「メールアドレス」を入力して、「登録する」ボタンをクリックして、ユーザー登録を完了してください。

※一度、ユーザー登録された方は、登録フォーム下の青いボタンをクリックすると、ログインページに移動するので、再度ログインしてご覧ください。

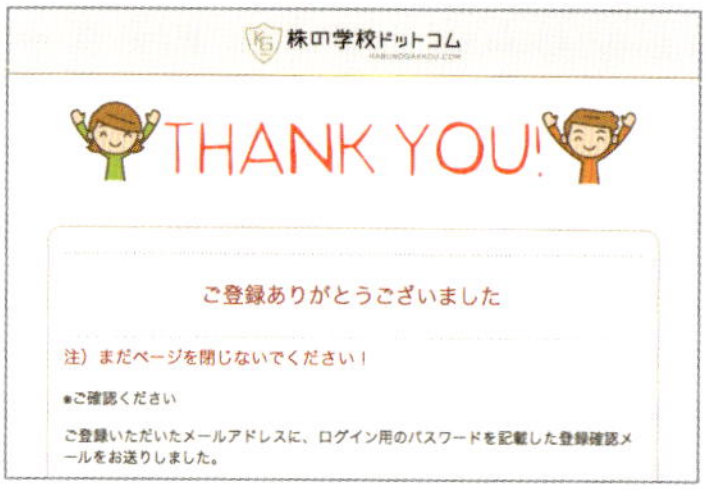

【３】左の画面になったら、開いたままにしておいて、メールソフトで新着メールを確認してください。

【株の学校ドットコム 窪田剛】から「登録おめでとうございます」というメールが届いています。

もし10分以上経ってもメールが届かない場合は、この画面の手順にしたがってご確認ください。

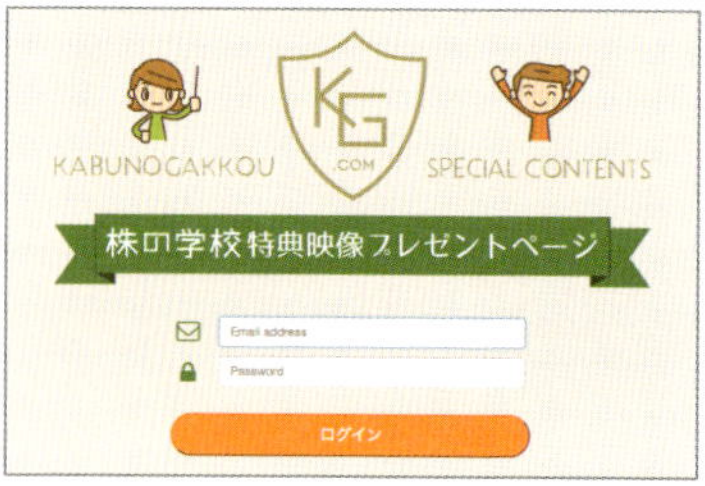

【４】届いたメールに記されているリンクをクリックすると、ログインページが開きます。

先ほど登録したメールアドレスと、メールに記されているパスワードを入力して、「ログイン」をクリックしてください。

【５】ユーザー向けの専用サイトに切り替わります。

画面右側の「MENU」欄から❸❹❺のタイトルをクリックすると、動画が切り替わります。ご覧になりたい動画を選んで、画面上をクリックしてください。動画がスタートします。

特典映像を付録CD-ROMで見る

（CD-ROMドライブ付きのパソコンまたは外付けドライブが必要です）

【１】パソコンにCD-ROMを挿入すると、すぐに左の画面が出てきます。

（Macintoshをご利用の方は、CD-ROMのフォルダの中から「forMac」というアイコンをダブルクリックしてください）

画面右側の「MENU」欄から、ご覧になりたい動画を選んでください。

❶と❷は、すぐに動画がスタートします。

※最上部（赤枠の箇所）で音量を調節できます。

【２】❸❹❺のタイトルをクリックするとブラウザが立ち上がり、専用サイトが開きます。

画面下の黄色いフォーム空欄に「お名前（姓）」と「メールアドレス」を入力して、「登録する」ボタンをクリックして、ユーザー登録を完了してください。

※一度、ユーザー登録された方は、登録フォーム下の青いボタンをクリックするとログインページに移動するので、再度ログインしてご覧ください。

以降の手順は、「専用サイトで見る」の【３】～【５】の解説をご覧ください。

【特典映像の視聴方法・操作方法などに関するお問い合わせ先】

株の学校ドットコム（運営元：株式会社トレジャープロモート）
TEL: 03-3216-7354　営業時間：月～金 午前９時～午後５時（土・日・祝日休み）
メールアドレス　info@tpromote.com

もくじ

PART1 最初に覚える超きほん

PART2 勝つための2つの方法

PART3 スタートのための5つの準備

PART4 稼ぐためのチェックポイント

PART5 明日から利益を上げる9つのコツ

本文デザイン／DTP　ISSHIKI
本文イラスト　神林美生
編集協力　ネジエディトリアル、元山夏香
画像提供／SBI証券

PART 1

最初に覚える超きほん

投資
トレード

01 そもそも「株」って何？

株は会社が資金を集めるための道具

株とは、さまざまな会社が資金集めのために発行するものです。

会社を運営し、業績を伸ばしていくには、お金がかかります。銀行に頼んでお金を借りることもできますが、限度があります。

そこで、**会社は株を発行し、それを投資家に買ってもらうことで、資金を集めているのです。**

小さい会社だと、会社を設立した人自身や身近な協力者が出資者となって株を買い、その会社の「株主（オーナー）」になります。

会社の規模が大きくなり、もっとたくさんのお金が必要になると、「上場」して資金を集めます。**上場すると、その会社の株は証券取引所で取引されるようになり、誰でも自由に売買できるようになります。**

もっとも、創業者などは株を保有し続けることが多いので、それ以外の株が一般の投資家に売買されるようになります。それでも会社側からしてみると、新たに多くの株主を得ることができ、上場前よりずっと多くの資金を集められるようになるのです。

会社にお金を出す株主はいろんな権利を持つ

ここまでのところでわかるように、株主とは会社にお金を出している人を指します。

株主はお金を出す代わりに、会社の利益の一部を受け取る権利があります。

ほかにも、会社の経営方針を決める株主総会に参加し、会社の方針に投票する権利もあります。そのため、「会社は株主のもの」と表現されることもあります。

株で会社は資金を集める

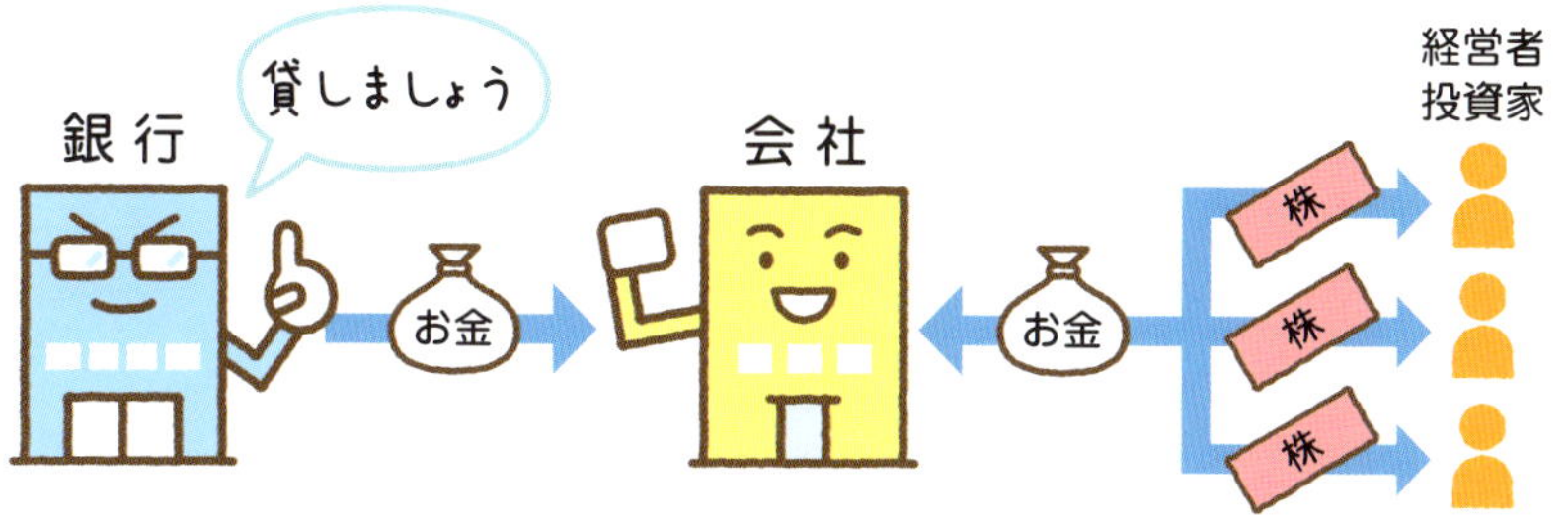

投資家に株（会社の一部）を買ってもらって、さらにお金を集める

上場すると……

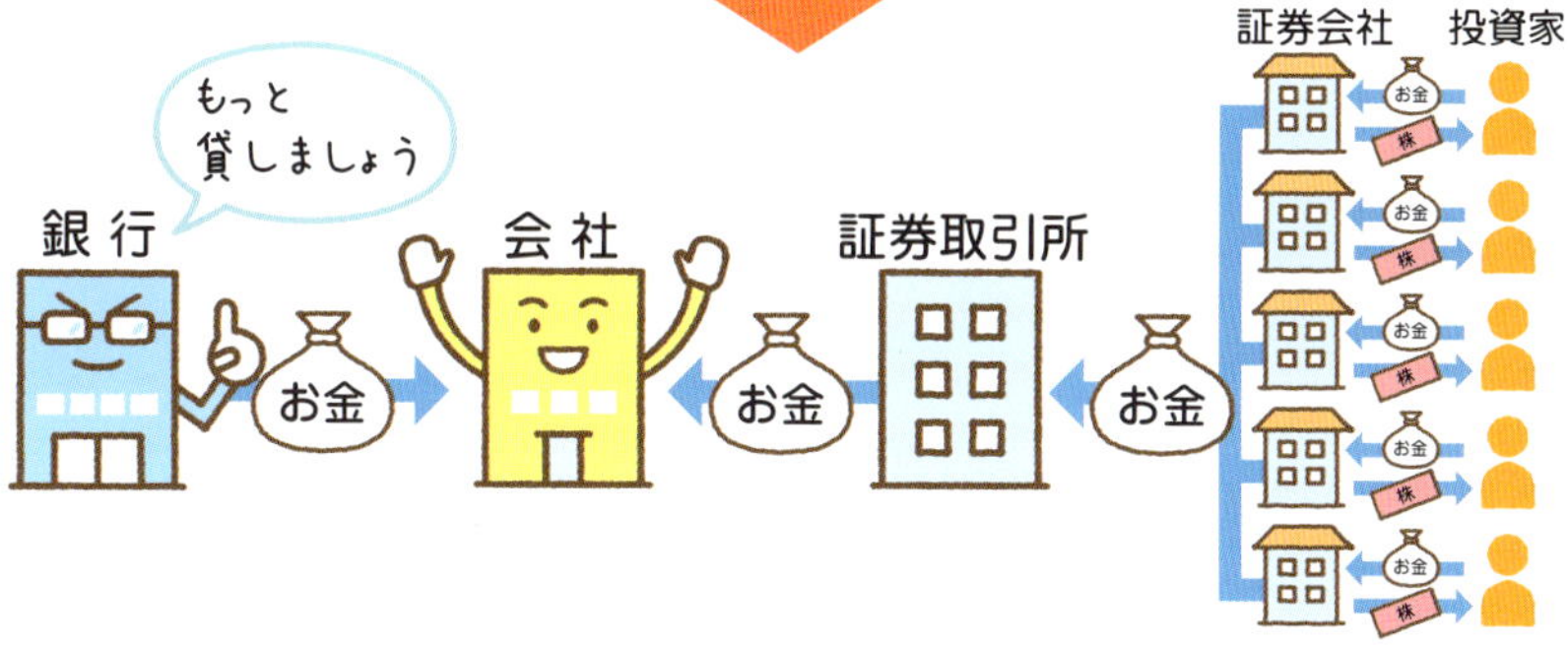

より多くのお金を集められる！

用語解説

上場

株式・債券・投資信託などの有価証券が、証券取引所が開設している市場において売買することを認められていること。

上場するには証券取引所が定める基準をクリアする必要がある。また、証券取引所が定める上場廃止基準に当てはまると上場廃止となり、証券取引所で売買ができなくなる。

たとえば、「東証プライム市場上場企業」とは、東京証券取引所プライム市場において株式を売買されることが認められている企業である。

02 株価は毎日上がったり下がったりする

投資

トレード

買いたい人が多ければ株価は上がる！

株の値段（＝株価）は日々変動しています。業績のいい会社の株がつねに上がるわけではなく、短期的にはネットオークションのように人気のある株が上がり、ないものは下落します。**その会社の価値そのものではなく、人気のあるなしによっても株価は決まるのです。**このため、業績がよくても「これ以上よくならないだろう」と判断されてしまえば、株価は下落してしまいます。

逆に、赤字で業績が悪くても「これ以上悪くならないぞ！」となれば、株価は上がることがあります。

業績だけではなく、**心理（人気）によっても株価は動く**……これが理解できると、株の世界がシンプルになってきます。

長期的には業績 短期的には心理

業績の良い株は、長期的には業績に連動し、株価は上昇します。

ですが、世界情勢や為替、原油価格、戦争やテロなどの影響で何年も下落することが多々あります。その間、業績が下がってしまうこともあるので、「今の業績」だけではなく、「将来の業績」をきちんと見極めることが大事です。

人気のある、期待されている株は、数日から数か月間と、比較的短期間で注目度が大きく変化します。その間、株価が大きく上昇するので、利益を上げるチャンスとなります。ですが、人は熱しやすく冷めやすいもの。売りどきを逃してしまうと、落胆とともに株価も急落してしまうリスクがあるので、その株の人気をきちんと見極めることが必要です。

株はどうして上がったり下がったりするの？

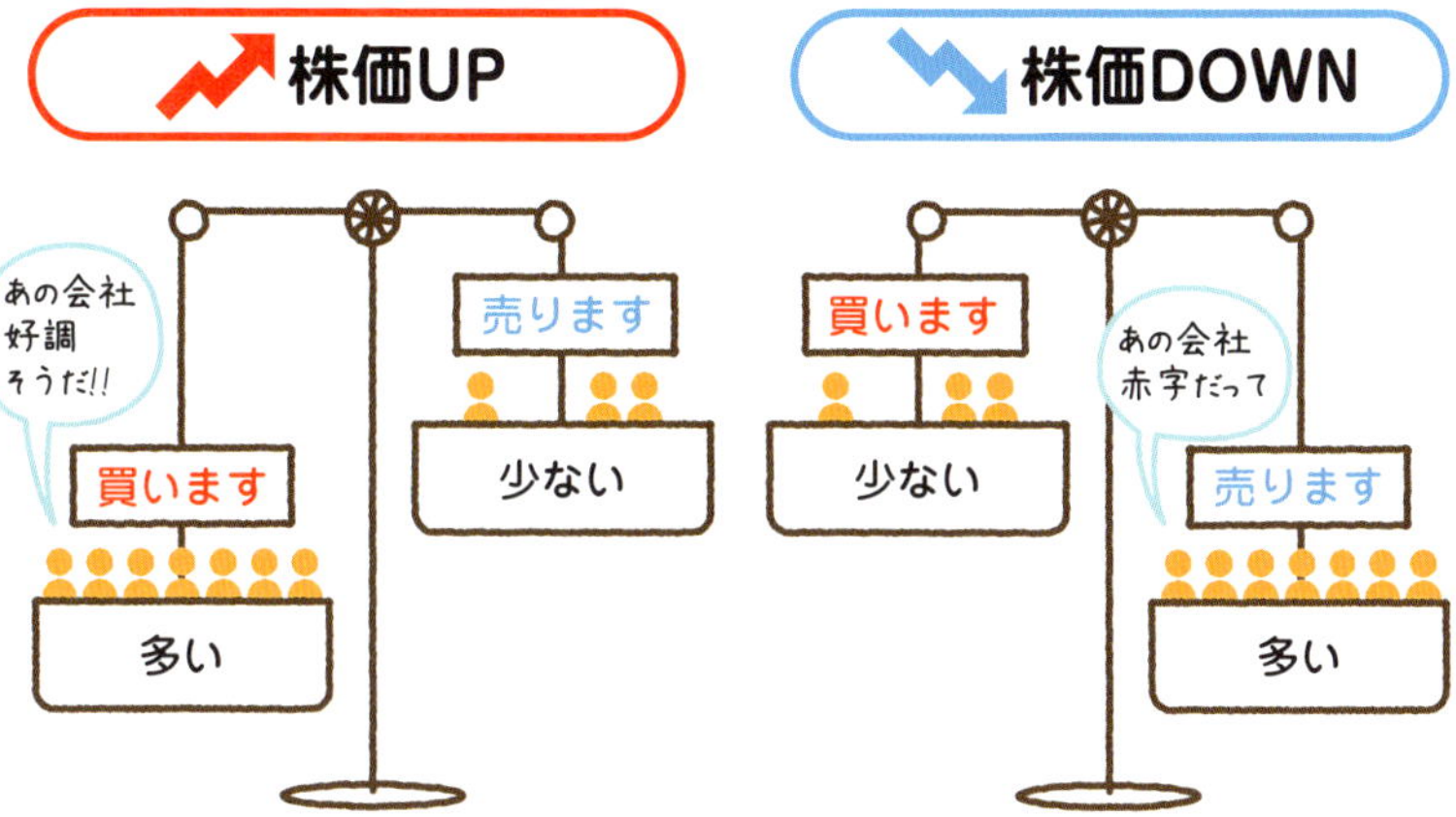

投資家の思惑で株価は動く

&

さまざまな要因が投資家心理に影響

用語解説

決算

　上場企業は定期的に会社の収支を算出する。これを「決算」と呼ぶ。

「決算」発表のペースは3か月に一度（四半期決算）。事業年度末に行う決算を「本決算」と呼ぶが、本決算は3月末を締日とする企業が多い。その場合、四半期決算の締日は6月末（第1四半期）・9月末（第2四半期＝中間決算）・12月末（第3四半期）・3月末（第4四半期＝本決算）となる。

　締日から45日以内に公表される決算の内容しだいでは、株価が大きく動くこともある。

03 株で利益が出たり損したりするのはなぜ？

投資
トレード

株価が予想と違う動きをすると損をする

ある株を買い、買ったときよりも株価が高くなった場合、その株を売れば利益（もうけ）が出ます。逆に、買ったときより株価が下がった場合、損をします。

その株を買いたい人が売りたい人よりも多ければ、株価は上がるわけですが、問題はそれをどうやって見極めるか、です。

株の世界を難しくしているのは、前項で述べたとおり、**株価が会社の業績と単純に連動するわけではない点です。**マーケット参加者の心理も大きく影響するので、株の勉強を始めたばかりの人はもちろん、**「運用のプロ」と呼ばれる機関投資家や、すでに成功している投資家ですら、株価の予想を外すのは日常茶飯事です。**

100%の確率で利益を出すことは不可能

たとえば、新商品を出した会社があるとします。その商品の評判がよければ、多くの人がその会社の株を買いたいと思うので、株価は上がると予想できます。

しかし、その商品に不具合が発生するなど、期待外れのことが起こる可能性もあります。そこまで予想するのは不可能ですが、万一そんな事態になれば、多くの人がその株を売ろうとするでしょう。結果、株価は下がります。

また商品がヒットしたにもかかわらず、在庫を抱えすぎてしまったり工場で事故があったりすると、株価が下がることもあります。

こんな世界ですから、100％なんてない、**ある程度損をするのは当たり前**、というくらいの心構えで臨みましょう。

株価の予想はいつも当たるわけじゃない!!

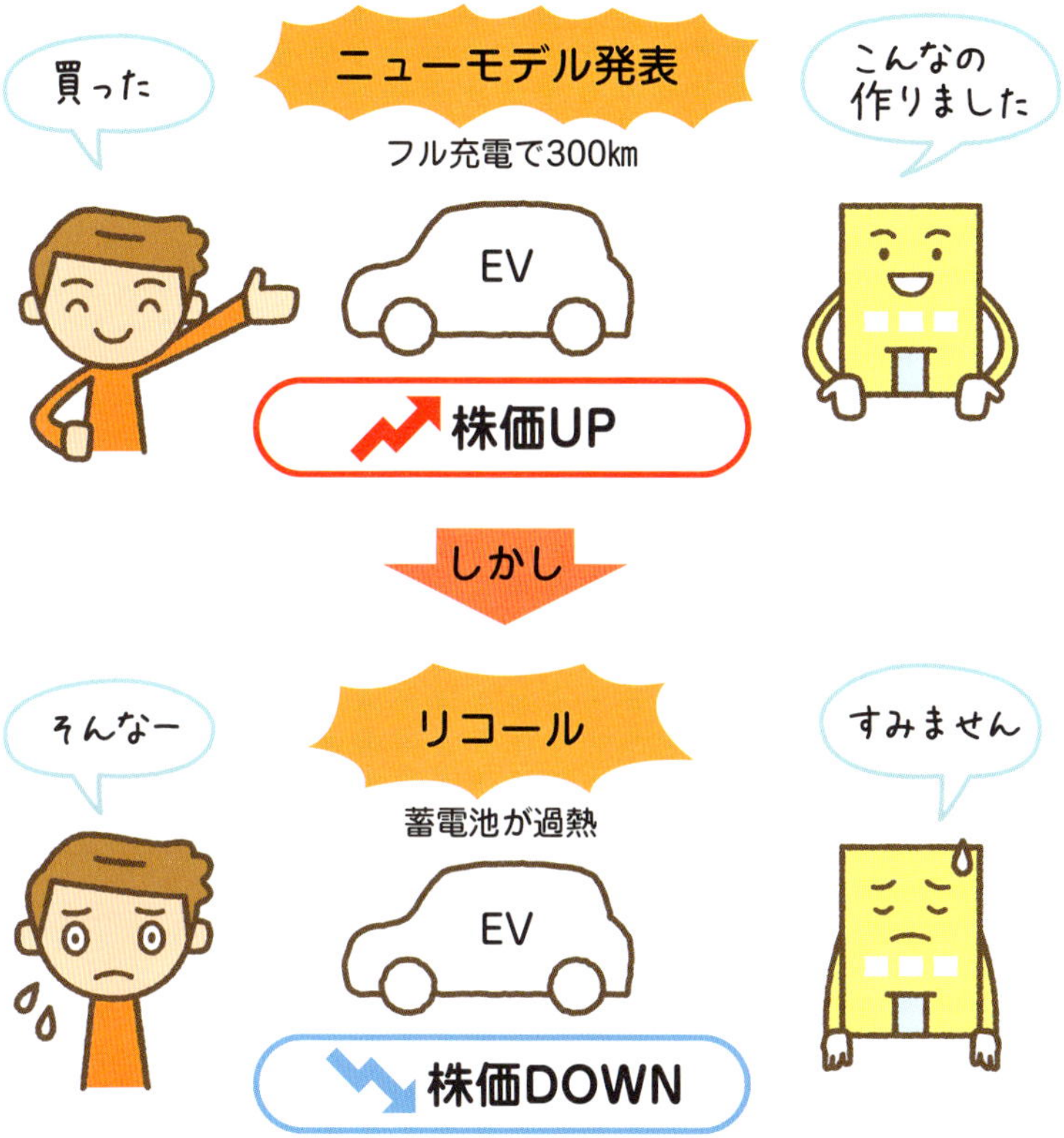

運用のプロでも予想は難しい

機関投資家

用語解説

主として顧客から集めた資金を運用する国内外の法人投資家などを指す。

具体的には、保険料を主な運用資金とする生命保険会社や損害保険会社、投資信託の購入資金を運用する投資信託会社、国民の年金保険料を運用資金とする年金基金から運用を委託される信託銀行や投資顧問会社などがその代表格。ほかに銀行、政府系金融機関なども含まれる。

機関投資家の資金量は大きいので、しばしばその動向に株式市場全体が左右される。

株には二つの利益が期待できる

投資
トレード

株には「値上がり益」と「配当」がある

買った値段より上がったところでその株を売れば利益が出ます。この利益を「**値上がり益**（キャピタルゲイン）」と呼びます。たとえば500円で買った株が600円になったら、値上がり益は100円です。500円で1000株（50万円分）買っていたら、600円のとき、100円×1000株で10万円の値上がり益を得ることができます。

値上がり益のほかにも、株を持つことでもらえる利益があります。それが「**配当**」です。「インカムゲイン」ともいいます。

配当を出さない会社もある

配当は、その株を発行している会社が利益の一部を株主に還元するために行われています。**株主は、株を買うことを通じてその会社の一部を所有していることになるので、利益の一部を受け取る権利があるのです。**

たとえば配当利回りが2%の場合、100万円分の株を持っていれば、年間2万円（税引き前）の配当が得られます。配当は多くの場合、年に2回受け取れます。

ただ、なかには配当を出さない会社もあります。赤字続きで出したくても出せない会社と、事業をより成長させるためにお金を使いたいという理由で、あえて出さない方針の会社です。

まれに、配当利回りが通常の倍以上（5%以上）の株もあります。お得な場合もあれば、記念配当など一時的なだけの場合もあるので、きちんと調べてから買うようにしましょう。

キャピタルゲインとインカムゲイン

キャピタルゲイン

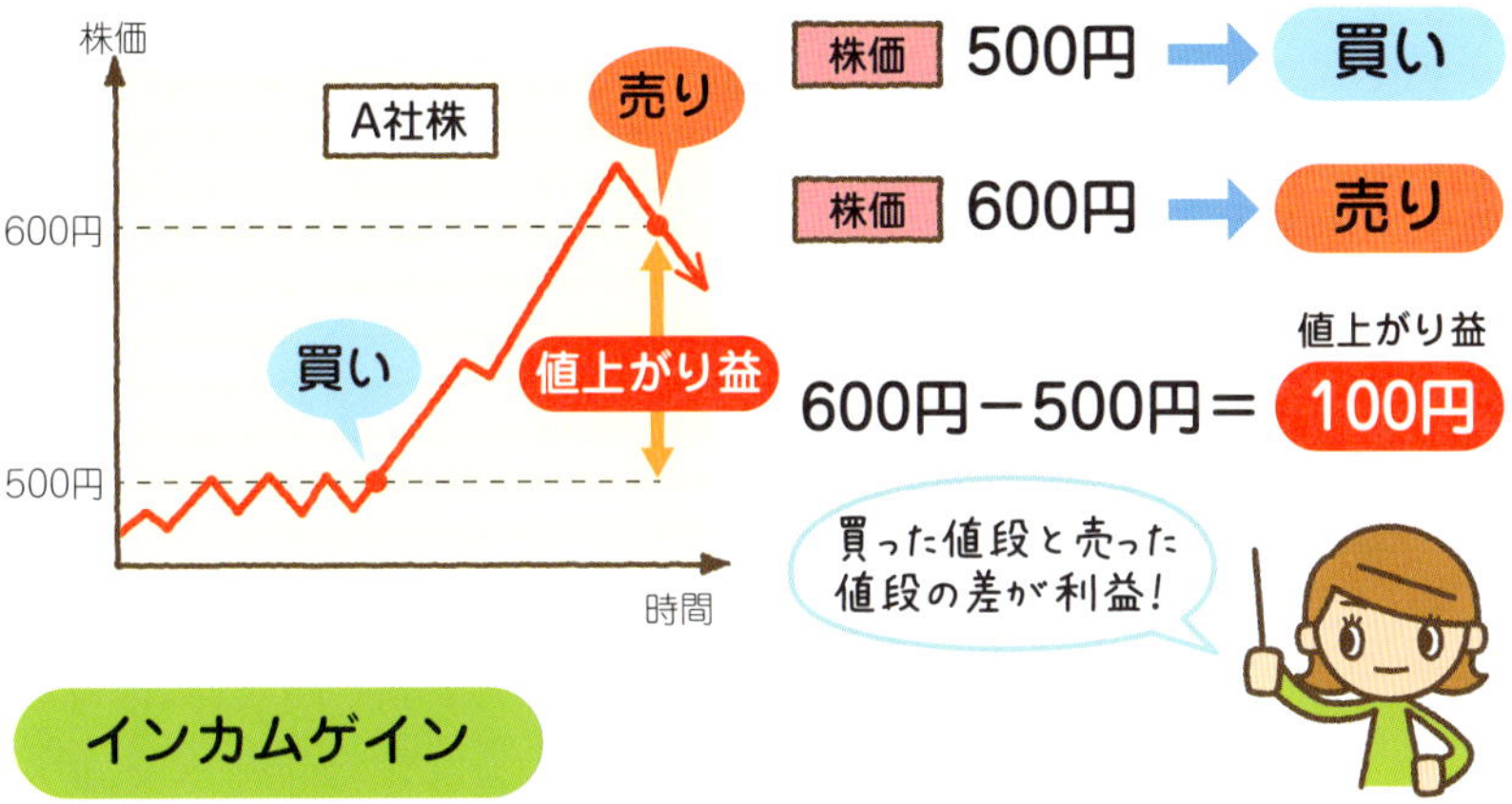

インカムゲイン

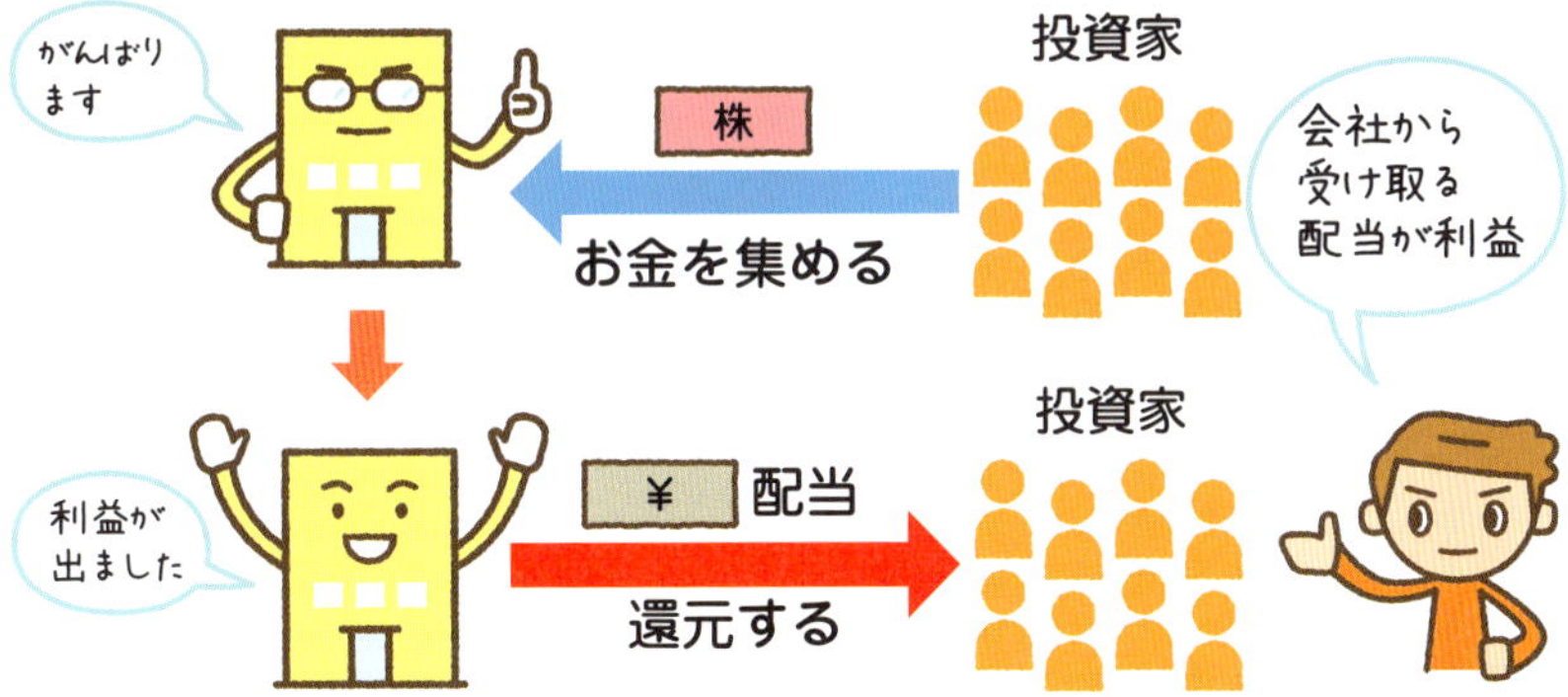

用語解説

内部留保

企業の利益から、税金や株主への配当金などを支払った残りを「内部留保」と呼ぶ。企業の「蓄え」のようなもので、仕入れなどの運転資金や設備投資などに用いられる。

急成長している企業のなかには、あえて株主に配当を出さずに内部留保を増やし、事業拡大を最優先する場合も多い。

内部留保は現預金とはかぎらないので、必ずしも、内部留保が多いから現預金が多い、というわけではないので注意が必要だ。

05

取引のしかたには「投資」と「トレード」がある

投資　トレード

成長する会社の株を長く持つのが「投資」

これから成長しそうな会社の株を長い間持ち続け、会社の成長に合わせて「株価の上昇」を狙ったり、「配当」を受け取ったりするのは、一般的に「**長期投資**」といわれる取引の方法です。このような取引スタイルをここでは「投資」と呼びます。

一方、投資に対して「**トレード**」という取引スタイルがあります。トレードとは、投資に比べて比較的短期間で売買を繰り返すやり方です。株価の動きに合わせて数日から数週間保有し、決済します。投資に比べて売買する回数は増えますが、その分、短期間で利益が大きくなる可能性があります。

投資とトレードの違いを理解する

投資とトレード、この二つの違いをもう少し整理すると、次のとおりです。

- **投資**……売上や利益が伸びていて、この先も成長しそうな会社の株を、長期間保有する。**配当をもらいながら、年間7%程度の値上がり益を期待する。**
- **トレード**……そのときに注目されていて、人気や期待が集まっている銘柄を中心に取引を行う。**会社の業績よりも株価の値動きに注目して売買。**数日～数週間という短期間で値上がり益を期待する。

投資とトレードでは、必要な知識・勉強・読むべき本・見るべき資料などが変わってきます。よって、**最初にこれらの違いを理解し、効率よく勉強していくことが大切です。**

投資とトレードを分けて考える!!

※特典映像も参照

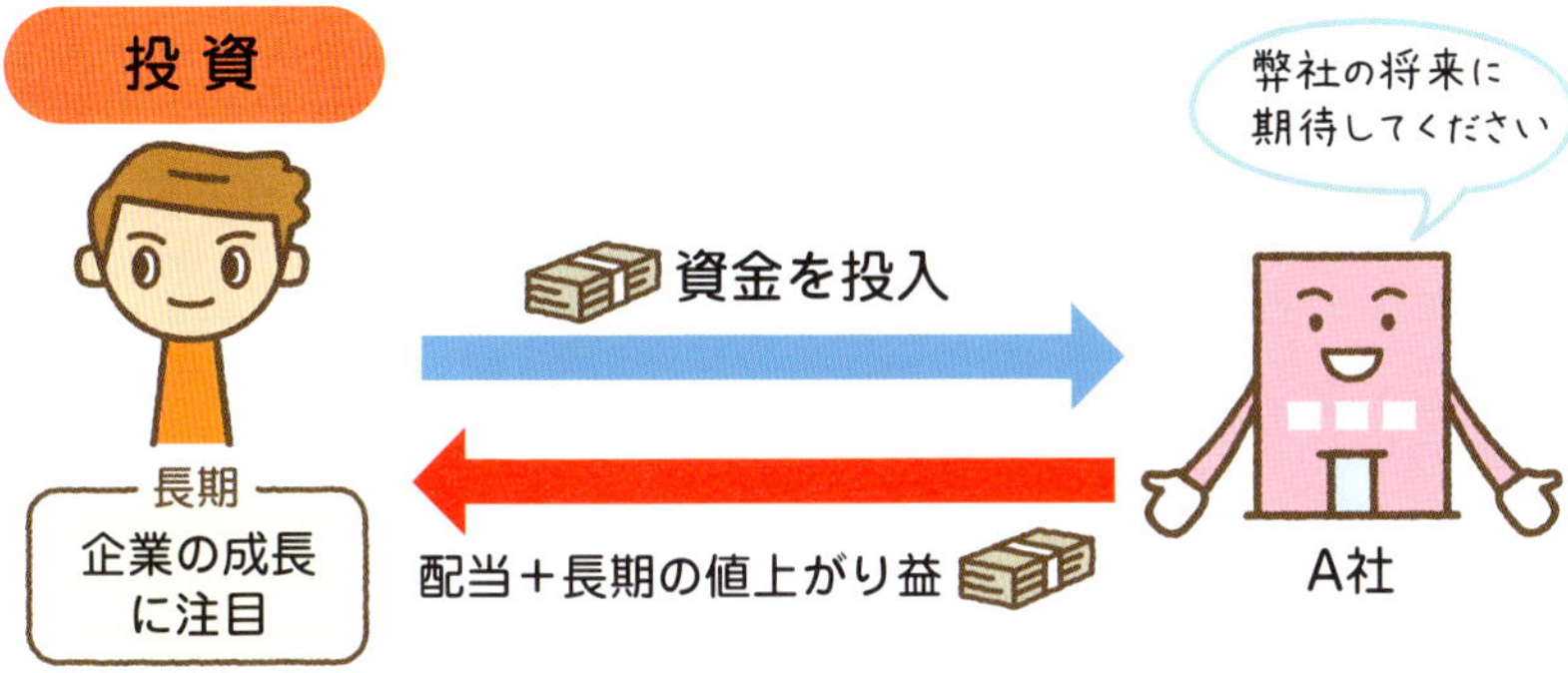

会社の将来を見極め、利益を得る

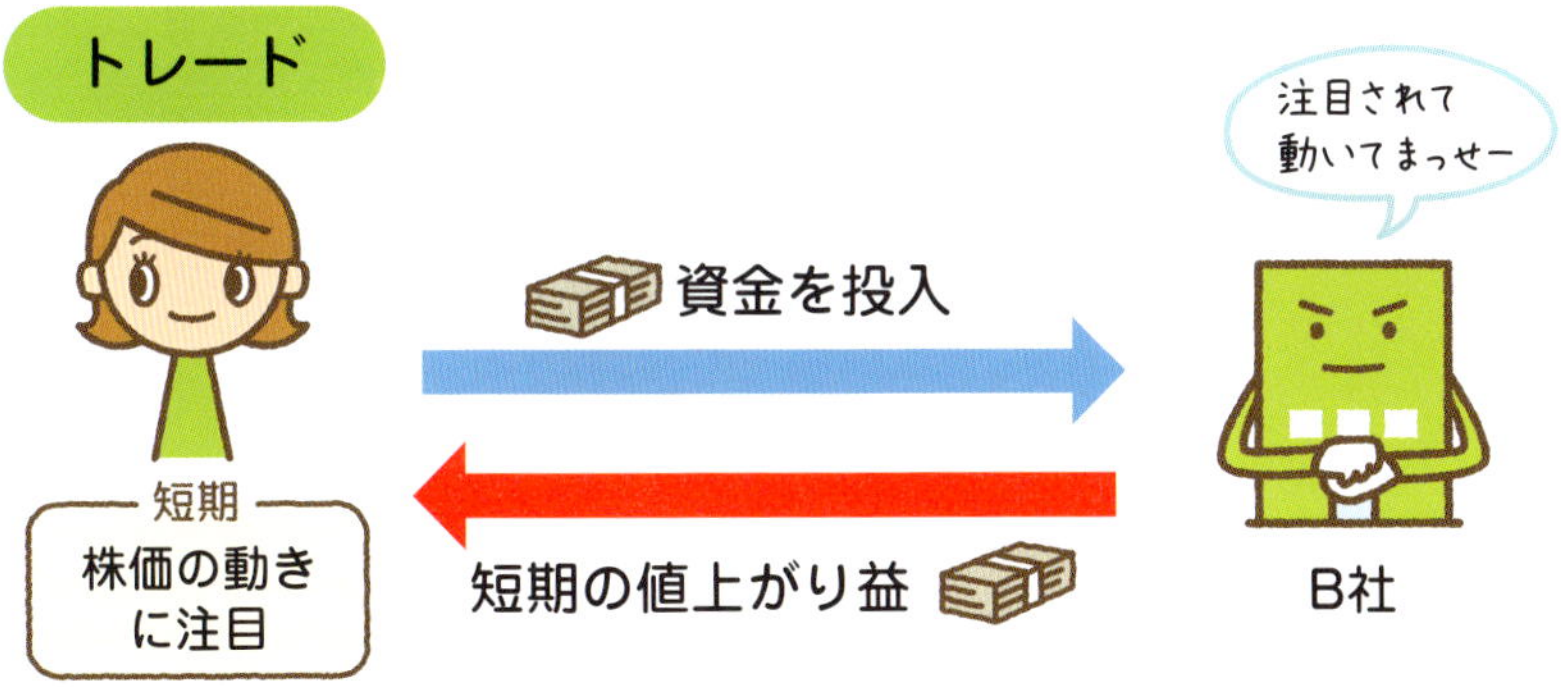

日々の株価の動きで利益を得ていく

用語解説

デイトレードとスイングトレード

どちらもトレードの手法。

「デイトレード」は、買った株をその日のうちに売ったり、信用取引で売った株をすぐに買い戻したりして、1日のうちに売買を完結させる方法。

「スイングトレード」は、買った株を数日間から数週間保有して売る（信用取引で売った株のポジションを、数日間から数週間保持して買い戻す）方法。

どちらも売買回数が多くなるため、うまくいけば投資よりも大きな利益を得ることができる。

06 「投資」と「トレード」どちらを選べばいい？

どのくらいの期間でどのくらい増やしたいか

投資を選ぶべきか、トレードを選ぶべきか……これは取引の「目的」によって変わります。

もし「10年〜20年先を見据えて、500万円を1000万〜2000万円にしたい」と考えるなら、投資を選ぶべきでしょう。そうではなく「500万円を1〜2年後に1000万円にしたい」のであれば、トレードを選びます。

要は、**長期でじっくり資産形成したいか、短期で成果を上げたいかの違いです。**以降に投資とトレードの特徴を述べておきます。

【投資の特徴】

・業績や株価などを毎日チェックしなくていい。
・年間7％程度の利回りが期待できる。
・定期的に配当が得られることが多い。目安は年間1〜2％程度。
・時代の変化やスキャンダルで、一瞬のうちに株価が何分の1にもなり得る。長い期間を費やしてきた後だと取り返しがつかない。
・成果が出るまで時間がかかる。
・成長する会社を見つけるための業績などの分析量は膨大。

【トレードの特徴】

・短期間で大きな利益が見込める。1年間で資金が2〜3倍になる可能性がある。
・会社の業績を分析しなくてもよい。
・失敗しても何度でもやり直せる。
・短期間で売買を繰り返す必要がある。
・株価チャートの分析量は膨大。
・定期的に、株式市場の動向を、チェックする必要がある。

投資

トレード

投資にするかトレードにするかは目的しだい

※特典映像も参照

10年〜20年で資金を2〜4倍にしたいな

1〜2年後には資金を倍くらいにしたいな

投資 メリット	投資 デメリット	トレード メリット	トレード デメリット
・日々の株価を頻繁にチェックする必要はない	・成果が出るまでに10年近くかかることもある	・1日〜数日といった短期間で利益を得やすい	・銘柄選びや売買のタイミングにスキルを必要とする
・定期的に配当を得ることが期待できる（年に1〜4回など）	・会社の財務状況や業界動向など、多くの情報の分析が必要	・会社や業界の分析などをしなくてもよい	・チャートなどで日々の株価をチェックする必要がある

投資：資金＝多額がよい

トレード：資金＝少額でもよい

配当利回り

用語解説

配当金の割合のこと。「1株当たりの年間配当金額÷1株購入価額×100」で算出。

配当金を出していない企業の配当利回りは0%になる。

もともと「配当利回りが高い」とされていた銘柄でも、人気が出て株価が上がれば、配当利回りは低下する。

逆に、業績悪化などの理由で株価が下がり、配当利回りが高く見える銘柄もあるが、減配の恐れもある。

配当利回りだけで判断して株を買わないよう注意。

投資　トレード

07 株を始めるにはいくら必要？

30万円でも始められる 300万円だともっといい

株を買うには、元手となる資金が必要です。極端な話、1万円で買える株もありますが、それはごくわずかです。10万円あれば、買える株はかなり増えてきます。有名企業の株でも、10万円以内で買えるものはあります。

50万円もあれば、ほとんどの株が買えます。とはいえ、50万円である1社の株を買ったとして、その株価が暴落してしまったら取り返しがつきません。

投資であれトレードであれ、一度に5～6種類の株を買えるくらいの資金があったほうがいいでしょう。

30万円くらいからでも始められますが、200万～300万円くらい用意できると余裕を持って始められます。

ただ、もし数千万円持っていたとしても、最初は300万円程度から始めてください。

株の売買は100株単位

各銘柄の株価はそれぞれ違いますが、それらはどれも1株ずつ買えるというわけではありません。たとえば、A社の株価が600円であっても、600円出せば買えるわけではないのです。

株には「最低売買単位」というものがあり、100株と決まっています。つまり**株は100株単位でないと買えないのです。**

たとえば、株価600円のA社の株を購入する場合、最低売買単位が100株なので（売買手数料を除いて）「6万円」が必要です。

株の売買は100株単位

たとえば…… **株価＝500円**

500円から買えるわけではない！

最低売買単位が
決まっている！

100株単位で取引できる

500円（株価）×100株
＝5万円+売買手数料
から買える

売るときも
100株から

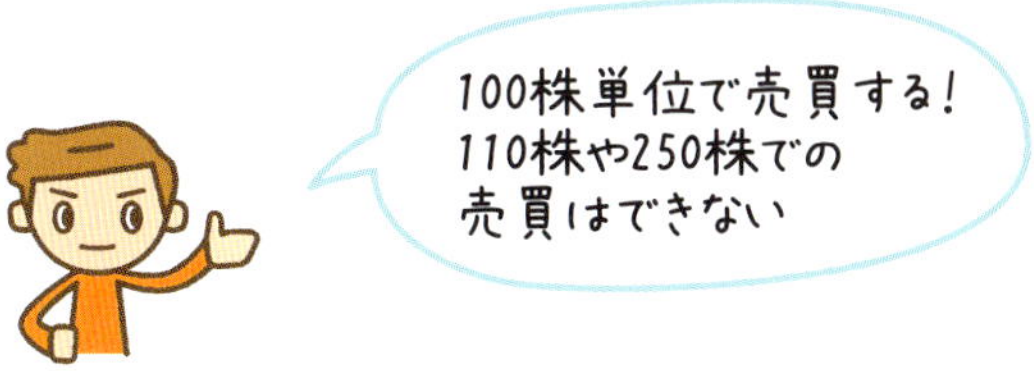
100株単位で売買する！
110株や250株での
売買はできない

用語解説

値がさ株

最低購入単価が大きな株のこと。その株を買うのに最低でも100万円以上の資金が必要な場合「値がさ株」とされることが多い。

たとえば、ユニクロを展開する「ファーストリテイリング」の場合、2019年5月現在、株価は約6万5000円で最低売買単位が100株なので、最低購入単価が約650万円となる。よって、投資資金が少ない場合は買うことが難しくなる。

主な値がさ株はほかに、任天堂、キーエンスなどがある。

08 株は「証券取引所」で取引されている

投資
トレード

世界でも有数の規模を誇る東京証券取引所

私たちが普通に売買できる株は「証券取引所」に「上場」しています。その証券取引所には、いくつかの種類があります。

なかでも、日本の証券取引所の代表格であり、さらに世界でも有数の規模を誇るのが「日本取引所グループ（ＪＰＸ）」の「**東京証券取引所**（以下、東証）」です。

ＪＰＸには東証のほかにも大阪取引所があります。またＪＰＸ以外にも、名古屋・福岡・札幌に取引所がありますが、これらは地元企業の株を中心に扱っており、規模はとても小さいのです。

さらに、東証のなかにも三つの市場があります。「プライム市場」「スタンダード市場」「グロース市場」です。

これらには、それぞれ上場の基準があり、それをクリアしなければ上場できません。会社の規模や、一定の利益を出しているかなどが基準になっています。**なかでもいちばん厳しい基準を設けているのがプライム市場です。**プライム市場に上場することは、会社にとってのステータスとなっています。

ベンチャー企業はグロース市場に上場

「グロース市場」は、基本的に新興企業のための株式市場です。

成長性の高いベンチャー企業が多く上場していますが、上場した後に消えていってしまう企業も多く交じっているため注意が必要です。

なお、一般的な証券会社に口座を開けば、日本で上場しているほとんどの株を買うことができます。

株は証券取引所で売買されている

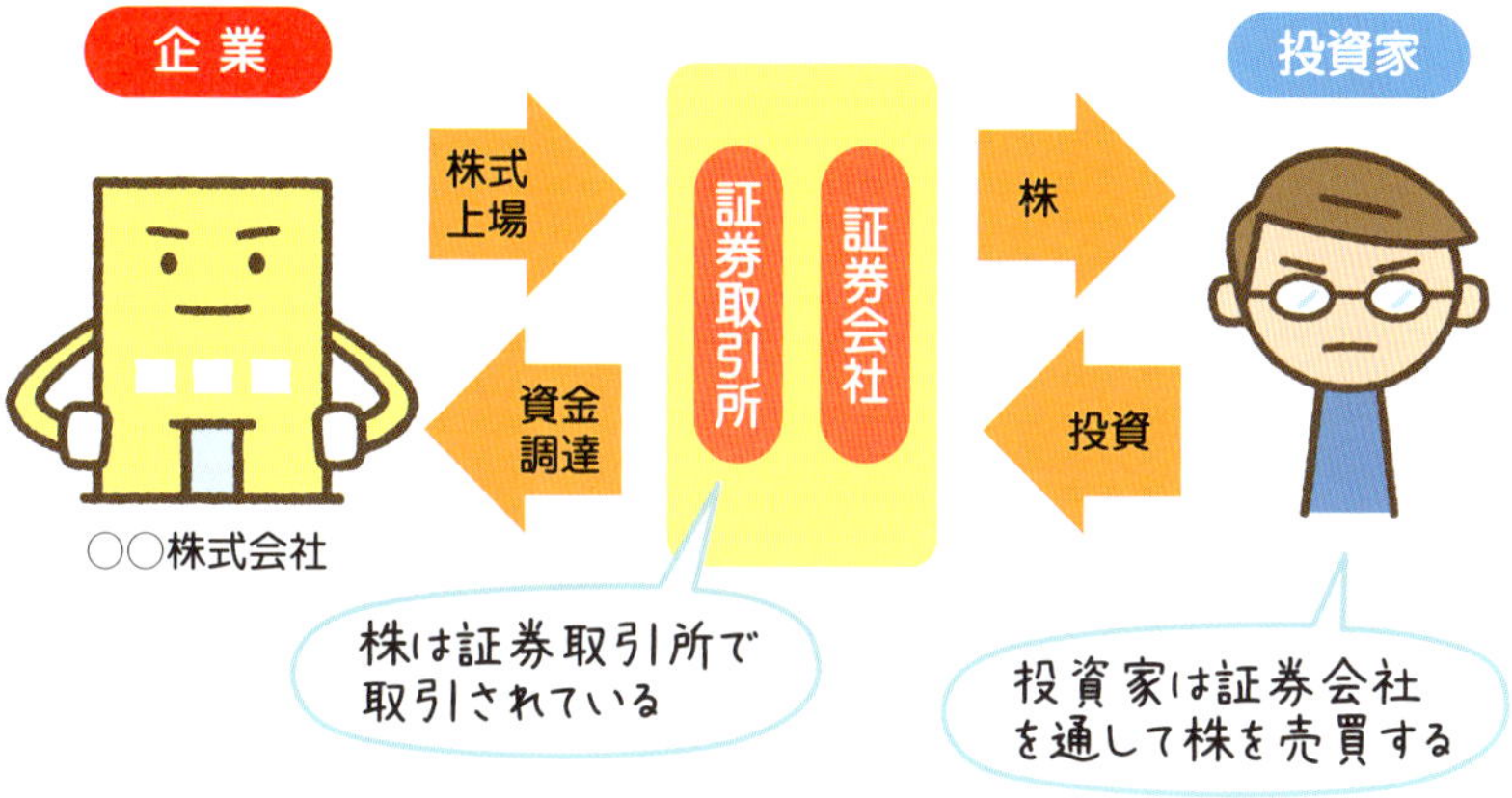

取引の中心は東京証券取引所（東証）

- 日本取引所グループ（JPX）
- 地方の証券取引所（札幌、名古屋、福岡）は規模が小さいため、基本は東京証券取引所での取引が中心になる

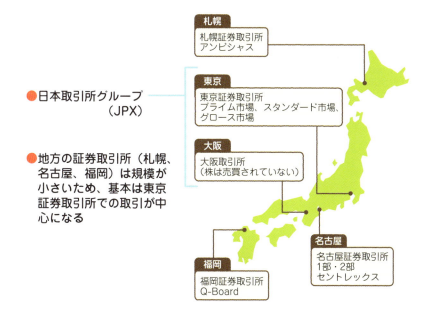

09 株はいつどこで売買できるの？

投資

トレード

まずは証券会社に口座を開こう

株を売買するにはまず、証券会社に口座を開く必要があります（PART3参照）。

株が上場しているのは東証などの証券取引所ですが、個人が取引所で直接取引することはできません。**必ず、証券会社を通じて買いや売りの注文をすることになっています。**よって、証券会社に口座を開かなければ、何も始まらないのです。

証券会社に口座を開いたら、株の売買ができるようになります。なお、株の売買が行われる場を「株式市場」とも呼びます。

証券会社はたくさんありますが、どこを選んでも買える株はほぼ同じです。ただし外国企業の株や、その他の商品（投資信託など）のラインナップは、証券会社によって異なります。

取引所が閉まっていても売買の注文は出せる

東証が開いているのは、平日の午前9時～11時半、午後12時半～3時の間です。

取引所が開いている時間帯を「ザラ場」といいます。午前のザラ場を「前場」、午後のザラ場を「後場」と呼びます。

ザラ場で買いや売りの注文を出すと、注文後すぐに取引を成立させることもできます。売り注文を出したとき、その値段で買いたいと思う人がいれば、取引は成立します。

また、取引所が閉まっている時間帯でもインターネット上では注文できますが、**午後3時以降に出された注文は、翌日に取引所が開いてからの取引扱いとなります。**

株取引のタイムスケジュール

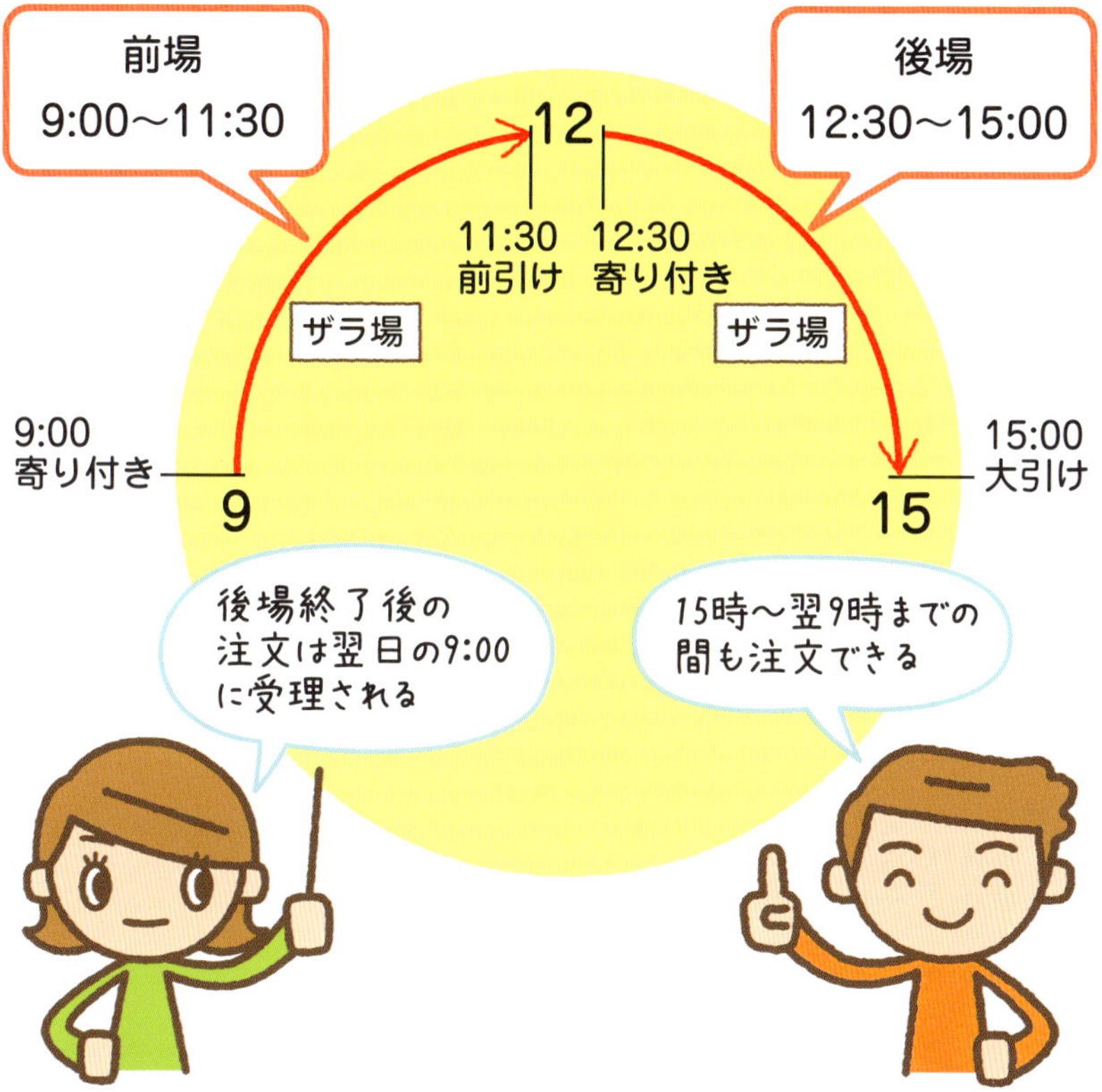

ザラ場ではすぐに売買を成立させることもできる

用語解説

PTS

証券会社やそのグループ会社などが独自に運営している「私設取引システム」のこと。

つまり、東証などの証券取引所を介さずに株の売買ができる仕組みで、取引所が閉まっている時間（夜間など）にも利用できる。

ただし、日本においては、PTS は通常の取引所取引より参加している投資家・トレーダーが少ないため、流動性が低く希望価格での売買が成立しづらいという欠点があるのが現状である。

Q. どんな準備をすれば株を始められますか

Answer

株は次にあげる、たった三つのステップで始められます。

1. 証券会社に口座を開設して入金する

2. 銘柄を選ぶ

3. 買い注文を出す

とても簡単ですよね。でも実は、ここでつまずいてしまう人がとても多いのです。なぜなら、日本には証券会社が200以上もあり、そのなかから自分にあった会社を選ぶなんて、それだけでも骨が折れちゃいます。

さらに口座開設というのは、法律に基づいた手続きを踏まなければなりません。一度わかればたいしたことはないのですが、やはり最初は難しいと感じる人もいます。加えて、きちんと銘柄を選んで、初めて見るネット画面で注文を出すなんて、「そんなのムリ」と思ってしまうのもしかたありません。

ただ、大切なことなのでもう一度いいますが、株を始めるのは実に簡単です。たくさんのハードルがありますが、これらは本書に付属の特典映像を見れば簡単に越えられます。

200以上の証券会社の中からおすすめの証券会社と実際の口座開設のしかたまでを動画にまとめました（これは証券会社の方にも協力いただき作成しています）。さらに「どうやって銘柄を選んだらいいかわからない」「注文方法も複雑だし、証券会社の使い方もよくわからない」という人のために「株を始める」ために必要な事項をひととおり解説しています。

動画はパソコンでもスマホでも視聴できるので、書籍でわからないことがあったらぜひ、参考にしてみてください。

PART 2

勝つための
2つの方法

10 知るべきことは「目的」によって異なる

投資

トレード

投資とトレードで学ぶべきことが異なる

株でラクして稼げることを謳《うた》う本も多いのですが、実際、そんなことはありません。初めはビギナーズラックで少しは勝てるかもしれませんが、**基礎がしっかりできていないと、いずれ大損します。**

勝ち続けるには勉強が必要です。普通に仕事をしていても稼げないような金額を稼ぐこともできるわけですから、やはり簡単ではありません。

ただ、きちんと効率よく勉強すれば、あなたの望む結果が手に入ります。そのために重要なのは「『長期投資』と『短期トレード』では、学ぶべき内容が違う」ということを理解することです。**長期投資をする人には「投資」の勉強が、短期トレードをする人には「トレード」に特化した勉強が必要です。**

だからこそ、自分が「投資」をしたいのか「トレード」をしたいのか、しっかり考えてから勉強を始める必要があるのです。

とはいえ、いきなりどちらかを決めるのは大変です。では、どうすればいいのでしょうか。

どっちを選ぶかは年7%の利回りがカギ

「1年間で7%以上の利回りが必要かどうか」を目安に考えてください。7%で運用できれば、手元の資金は10年で約2倍になります。もし100万円を運用して、10年後に200万円、20年後に400万円を目指すなら、投資を選ぶほうがいいでしょう。それ以上を目指すならトレードのほうが現実的です。

何年後にいくらをいくらにしたいのか、まずは考えてみましょう。

取引のしかたによって学ぶことは異なる

	学ぶべきこと	何を学ぶ？
長期投資・短期トレード共通	・株式の基礎 ・税金や法律	株式の仕組み 取引のしかた ルール（法律）
長期投資	・ファンダメンタルズ分析 ・業績	貸借対照表（B/S） 損益計算書（P/L） キャッシュフロー計算書（CF） マーケットの動向
短期トレード	・テクニカル分析 ・売買ルール	銘柄の選び方 売買のタイミング 資金（リスク）管理 メンタルコントロール

数年で大きく増やしたい
自分の目的に合わせて選べばよい
10年でじっくり、ゆっくり増やしたい
短期トレード
長期投資

11 投資とトレード並行してはいけないの？

投資

トレード

投資とトレードを分けないと勝てない

どっちかに決めずに、各々のいいところを組み合わせて両方やればいいのではないか？　実際に私もそう考えていました。業績のよい株を選んでトレードすればリスクがないと考えたのです。

でも落とし穴がいくつもありました。**そもそも業績のよい株はすでに株価が上がってしまっているので、さらに上昇するには長い時間がかかるのです。**上がるまでの間、下がり続けるか横ばいが続きます。それも数か月から数年です。その間に株価が下がってしまい、結局半分になってしまったり、上がるには上がったけれど、3年間でやっと10％の利益だったりと、さんざんな結果でした。

単に業績がいいと思って買った株が塩漬けになってしまったなんて話は、株をやったことがある人なら、たいてい経験があることです。

いい株を適切な値段で買うのは至難の業

なぜ、いいとこ取りがうまくいかないのでしょうか。

そもそも投資で成功できるような株を、適切な株価で、しかも適切なタイミングで買うこと自体がとても難しいのです。

いいとこ取りをしようとした結果は、よくて数年でトントン。多くの場合、数年後に資金が半分になるのが現実です。資金だけでなく、数年という時間まで失うのです。

そうならないためにも、**銘柄選びから買って売るまで、一貫した戦略で臨む必要があるのです。**いいとこ取りで勝てるほど甘くありません。投資かトレードかをしっかり決めてから、始めてください。

投資とトレードを混同すると…

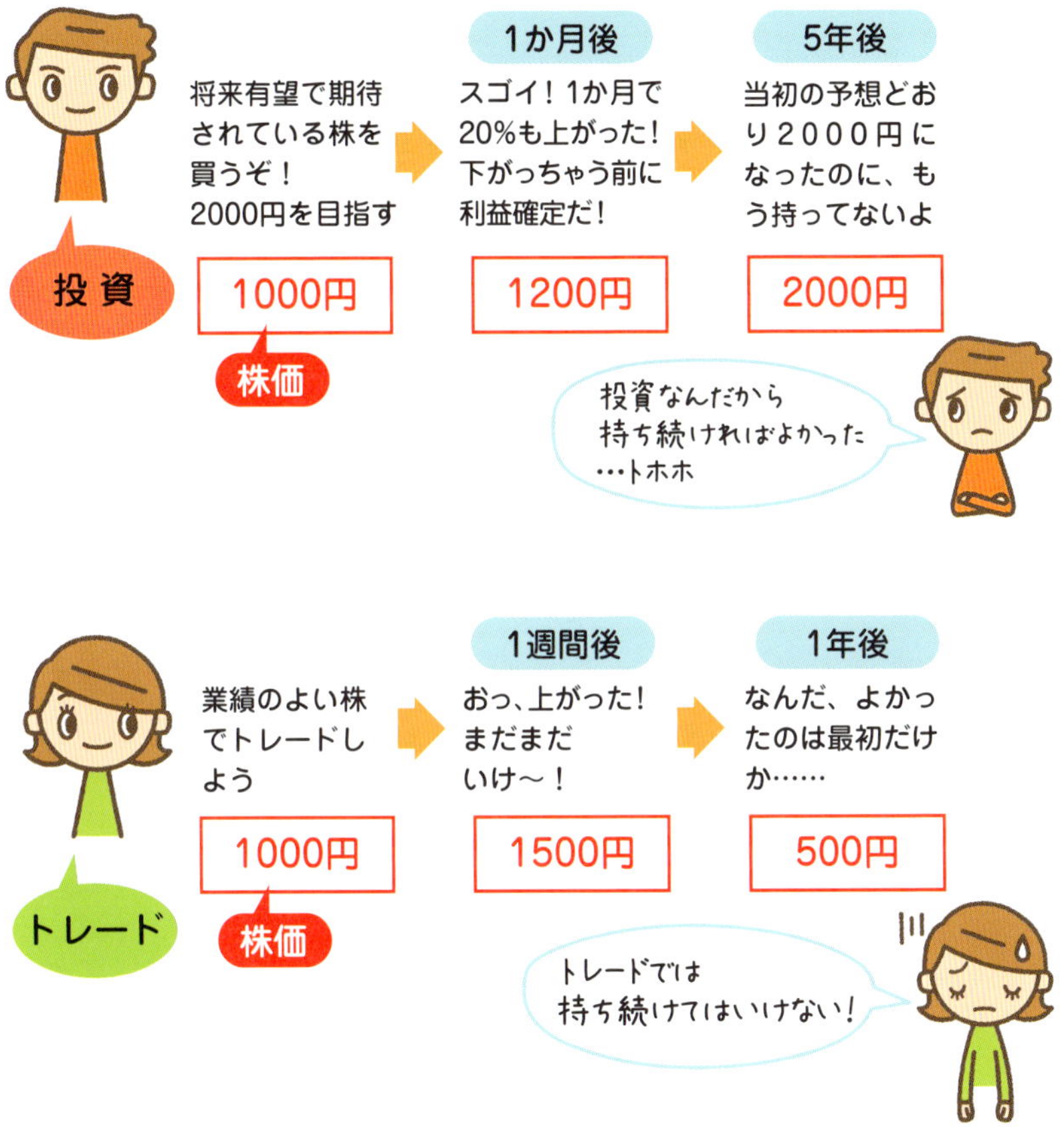
投資
将来有望で期待されている株を買うぞ！2000円を目指す
1000円
株価
1か月後
スゴイ！1か月で20%も上がった！下がっちゃう前に利益確定だ！
1200円
5年後
当初の予想どおり2000円になったのに、もう持ってないよ
2000円
投資なんだから持ち続ければよかった…トホホ
トレード
業績のよい株でトレードしよう
1000円
株価
1週間後
おっ、上がった！まだまだいけ〜！
1500円
1年後
なんだ、よかったのは最初だけか……
500円
トレードでは持ち続けてはいけない！

塩漬け株

用語解説

買った株が値下がりして、含み損を抱えている株のこと。「今売ったら損をする」と考えて、持っている株を抱え続けてしまう人が多い。

「今は値下がりしているけれど、そのうち値上がりするかもしれないから、放っておく」と考える人も多いが、いつ値上がりするかなど誰にもわからない。

その間ずっと塩漬けにしておくと、その株に投じている資金や時間をほかに生かせないので、新たな投資の機会を失ってしまっていることになる。

12 「長期投資」の基本はファンダメンタルズ分析

投資

トレード

その会社の状況がわかる「財務諸表」

ファンダメンタルズ分析とは、会社の土台や基礎を分析することです。その会社がどんな事業を手がけているか、ちゃんと利益が出ているか、将来性はありそうか、などを**会社の資産や業績を基に分析します。**

上場しているすべての会社は年に4回、業績（決算短信）を公表しています。

決算短信には、一定期間でその会社にどれだけの利益（損失）が出たかなどの情報が載っています。主に**「貸借対照表（B／S）」「損益計算書（P／L）」「キャッシュフロー計算書（CF）」の三つを「財務諸表」といいます。**

貸借対照表では、その会社にどれくらいの資産や負債などがあるかがわかります。

損益計算書では、その会社がどれくらい利益（損失）を出しているかがわかります。

キャッシュフロー計算書では、その会社がどんな風にお金を使っているかがわかります。

将来成長しそうか、はたまた倒産しないかなど、財務諸表を分析すれば、その会社のことがある程度見えてきます。

決算短信以外のニュースにも注意する

ほかにも、予定していた利益を上回ったり下回ったりするときに発表される「業績修正」や、「業務提携」など、**業績に影響をおよぼすことは逐一公表する、というのが上場企業の義務です。**「投資」するのであれば最低限、これらすべてに目を光らせておく必要があります。

投資をするなら「財務諸表」で会社を知る

ウチの業績を
発表しますよ〜

決算短信（年4回）

これ重要

財務諸表

その① 貸借対照表（B/S）

会社にどれくらいの資産や負債などがあるかがわかる

- 借入が極端に増えていないか
- 売掛金（未入金の売上）が増えすぎていないか

その② 損益計算書（P/L）

会社がどれくらいの利益（損失）を出しているかがわかる

- 売上が伸びているか
- 利益が伸びているか

※たとえ利益が赤字でも、将来への投資ならよい場合もある

その③ キャッシュフロー計算書（CF）

会社がお金（キャッシュ）をどう使っているかがわかる

- P/Lの営業利益が黒字なのに、営業CFが赤字なら要注意

※売上は上がっているが、回収（入金）されていない可能性があるため、その分が貸し倒れて（回収できず）、損失になる可能性がある

直近3年分をチェック＆同業他社との比較もするとよい

※前回（3か月前）と比べて、極端に数字が変わっている場合も要注意

投資

トレード

13 「短期トレード」の基本はテクニカル分析

過去の値動きからパターンを導き出す

テクニカル分析とは、株価がこれまでどんな動きをしていたかを分析することです。**「過去にこう動いた後、上昇した。今回もそうなるかもしれないから買っておこう」といった分析です。**

この分析には「チャート」という株価推移のグラフを使います。縦軸に株価、横軸に時間を示し、いちばん右に最新の株価が表示されます。

将来の株価を正確に予想することはできません。しかし株価は、**短期的には人の心理によって動きます。**個人の心理は読めなくても、集団の心理はある程度読めます。

たとえば、ノーベル賞受賞のニュースがあったら、その関連企業の株には多くの人が殺到して株価は上がるだろう……というように、ある程度予想できるわけです。

また、株価は同じパターンで動くことがよくあります。そのパターンを知っておけば、利益を得るチャンスをつかめるのです。

なお、値動きの下に表示されている棒グラフのようなものを「出来高」といいます。**出来高は、その株の売買がいくつ成立したかを指します。多いほどその株が注目されていることを表します。**

難しい分析指標は不要 基本は値動きと出来高

チャートには多くの分析指標があります。なかでも「RSI（アールエスアイ）」や「BB（ボリンジャーバンド）」などが有名です。

ですが、このような指標よりも、まずはシンプルに株価の動き方と出来高のパターンを覚えることが重要です。

トレードの基本はチャート

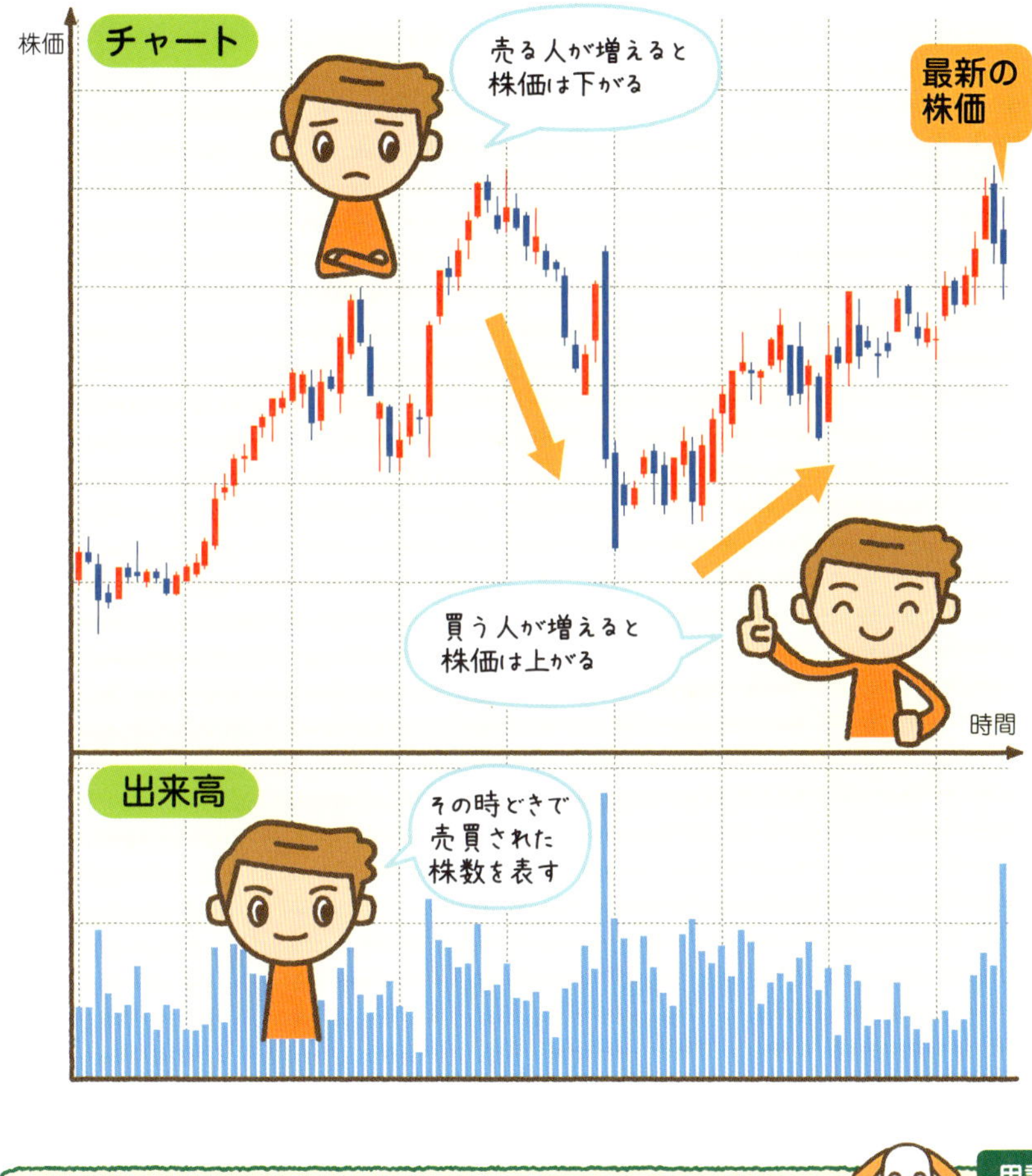

ローソク足の成り立ち

用語解説

上記のチャートにある赤と青の棒状のものがローソク足（108ページ）でこれが連なってチャートを形成している。

ローソク足発祥の地は日本。相場師本間宗久によって考案され、江戸時代の大坂堂島の米取引に使われたといわれている。

ローソク足は値動きを読み解く手段として優れており、チャートを見たときに相場の強弱や状況（上昇と下降、どちらの圧力が強いのか）などがほかのチャートよりもわかりやすい。ゆえに現在も、世界中で幅広く使われている。

14 『会社四季報』には最新情報がまとまっている

投資　トレード

上場企業の最新情報をぎゅーっと凝縮

『会社四季報』（以下、四季報）とは、東洋経済新報社が発行している、全上場企業の情報を掲載した情報誌です。**年4回の決算（3月・6月・9月・12月）に合わせて発行されます。**

上場しているすべての企業（4000社程度）を取り上げているため、1社1社の情報はわずかですが、コンパクトなスペースに会社の業績や売上に影響する最新情報などが凝縮されており、読みごたえがあります。

なお、**大部分が「投資」に役立つ情報であり、「トレード」に使える情報はほとんどありません。**

証券会社の会員ページで無料で見られる

『四季報』は、書籍のほかにもCD-ROM版があり、書店などで購入できます。そのほか証券会社のサイトの会員向けページで、『四季報』のネット版を見られる場合もあります。

ただ『四季報』には最低限の情報しか載っていないので、それだけで長期間保有する「投資」対象の銘柄を決めるのは困難です。

とはいえ、有望な会社を探す手がかりとしては、これほど便利なものはありません。

『四季報』でとくに工夫されているのは、会社の説明文の次に来る「見出し」です。

好調な会社は見出しに「最高益」など景気のよい言葉が使われています。逆に不調な会社には「低迷」などの言葉が使われています。

見出しを読むだけでも、その会社の状況がわかるようになっているのです。

『会社四季報』でとくにチェックすべきポイント

『会社四季報』にある情報

※内容は変わる場合があります

株価チャート（月足）と出来高の推移					株価指標 **A** 予想PER PBR 高値平均 安値平均 最低購入額
資本異動 株価 格付 業種 比較会社	株式 ・株式数 ・売買単位 ・時価総額　など 決算期の財務 指標 ・ROE ・ROA など キャッシュフロー	上位株主 役員 連結子会社	**B** 見出し①（現状） 見出し②（将来）	コード 会社名 特色 連結事業	
業績 売上高・営業利益・経常利益・純利益・**1株当たりの利益** **C**・1株当たりの配当・配当		配当 予想配当 利回り 1株純資産	本社 支店・工場 従業員数（平均年齢・年収） 証券・銀行・仕入先・販売先		

チェックポイント

A 次項以降に出てくる「割安株」「成長株」の目安となるPER・PBRをチェック

B 今期の会社の現状、将来の見通しをおおよそつかむ
見出しの言葉がポジティブかネガティブかを見極める

C 1株当たりの利益（1株益）をチェック。これが過去3年間伸びているのがよい（87ページ）。その他、売上や利益もチェックできる

PERやPBRなどの数字は『四季報』の発売時点の株価に基づいているので、実際の株価に照らし合わせてチェックすること

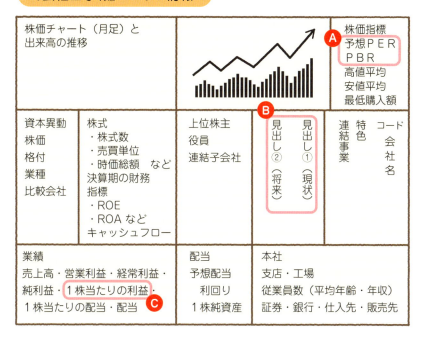

15

「長期投資」で狙う株のタイプ①
「割安株（バリュー株）」とは？

投資
トレード

実力のわりに株価が安い株を狙う

投資を学んでいくと「バリュー」という言葉に遭遇することがあります。株の世界でバリューとは、会社の状態に対して株価が「割安」の意味で使われます。

１株当たりの利益や純資産、配当額に対して割安な株を「割安株（バリュー株）」といいます。

その株がなんらかの理由で一時的に割安になっているのであれば、そのときに買い、いずれ実力どおり評価されたときに値上がりして利益を出せるのです。

割安かどうかを判断する代表的な指標に「ＰＢＲ」があります。**ＰＢＲが０・５や０・７と、１以下なら「割安」というのが、大まかな判断基準になります。**

バリュートラップに注意せよ

バリュートラップとは、割安株がいつまでたっても安い株価のまま放置される状態のことです。

割安株にはそれなりのわけがあります。たとえば、今業績がよくても、将来的に拡大の余地があまりなさそうな会社（人口減少の地方に根差したスーパーや学習塾など）は人気がなく、株価は割安ということがあります。

また、現金を過分に多く持っている会社も、ＰＢＲを見ると割安なことが多いのですが、売上が伸び悩んでいたら、人気は上がりません。**不人気株は割安なまま、値上がりしないことがよくあるのです。**

これでは買う意味がないので、今後値上がりする力を秘めているかをファンダメンタルズ分析で見極める必要があります。

将来も割安のままだったら買う意味がない

※特典映像も参照

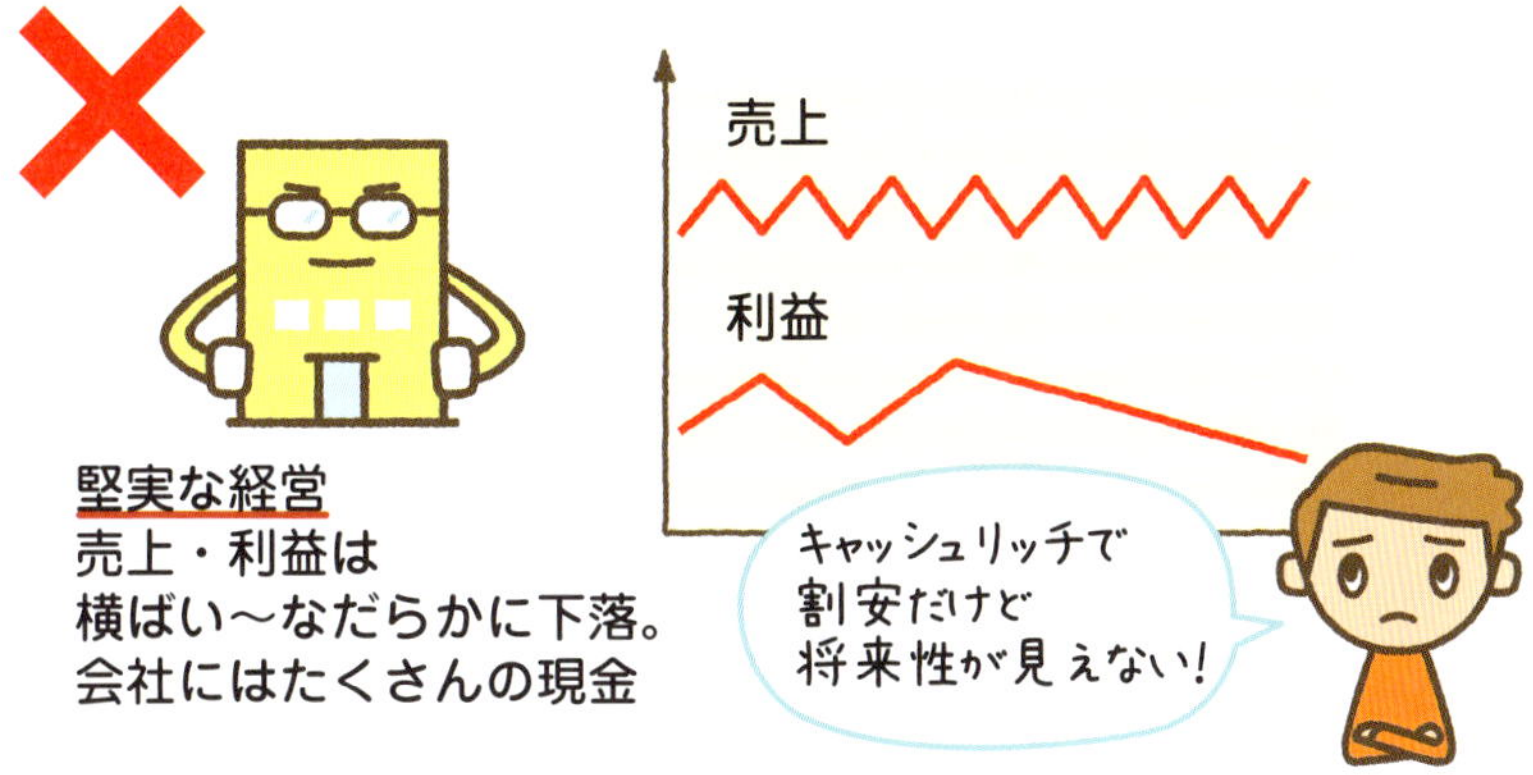

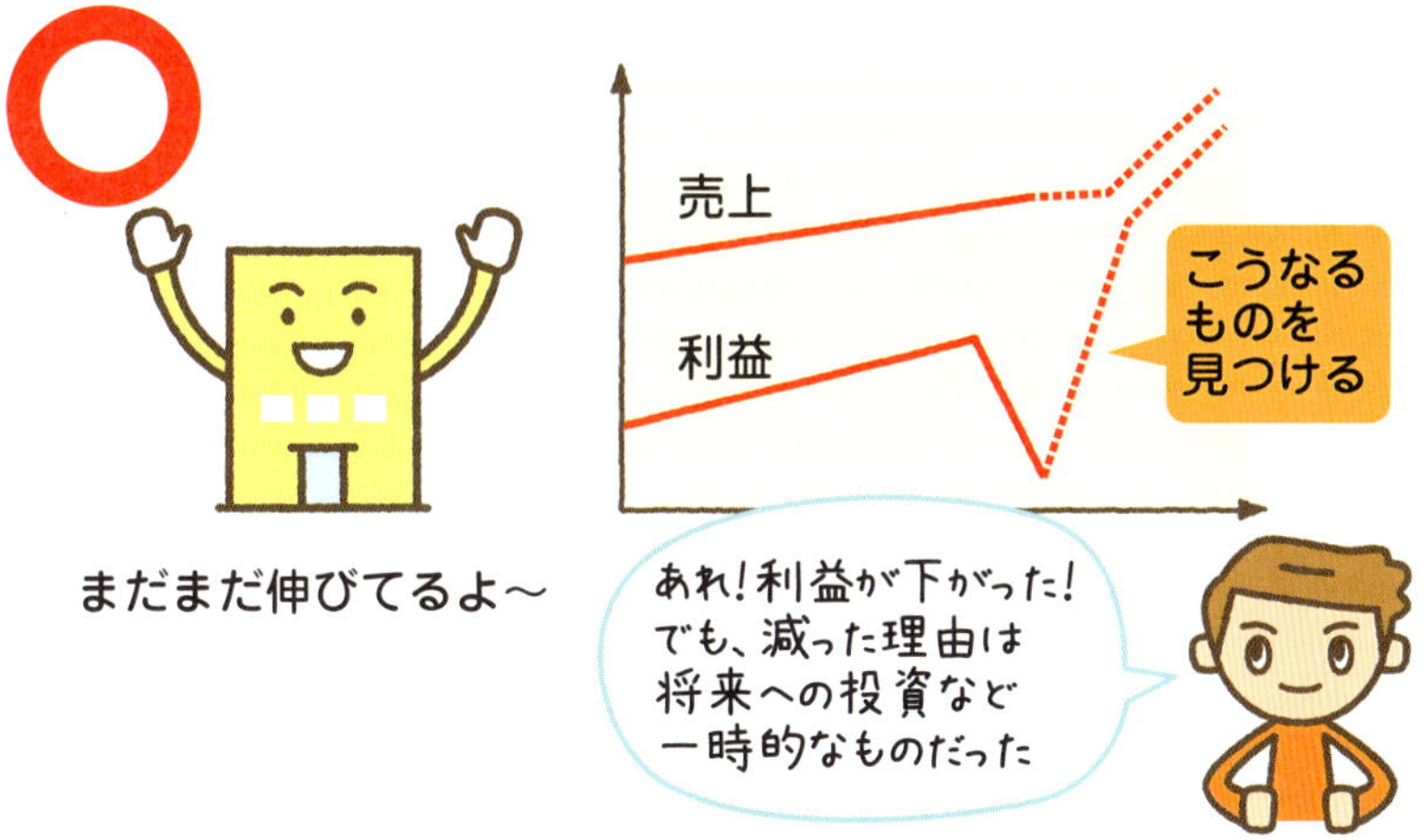

用語解説

PBR

「株価純資産倍率」ともいう。「株価÷1株当たり純資産（BPS）」で算出する。「1株当たり純資産」は1株当たりでどれだけの純資産があるかを示す指標（純資産÷発行済株式総数で算出）。

たとえば、A社の株価が1万円で1株当たり純資産が2万円なら、PBRは（1万円÷2万円で）0.5倍になる。

通常1倍以下が割安とされるが、余裕を持たせる意味で0.7倍以下だとより安心。ちなみにA社は0.5倍なので、割安と判断できる。

16 「長期投資」で狙う株のタイプ② 「成長株（グロース株）」とは？

投資　トレード

新しいことを手がける会社に可能性がある

上場している会社には、社歴100年という古い会社もありますが、設立して10年未満の新しい会社もたくさんあります。

新しい会社には、今後成長しそうな事業を手がけていることが多いです。10年後には大企業に成長する会社も含まれているかもしれません。

たとえば、100年前には自動車がなく、40年前はコンビニが、30年前はテレビゲームがありませんでした。インターネットやスマートフォンは今でもまだまだ拡大しています。

そのような時代に早々とそのビジネスに挑戦していた会社のなかには、のちに日本を代表するようになったところもあります。もしそんな会社の株を早い段階で買っておけば、大きな利益を得られたはずです。**このように大きく成長する会社の株を「成長株（グロース株）」といいます。売上や利益の上昇が成長を判断する材料になります。これに「投資」するのも一つの手です。**

成長株を見つけるのはとても難しい

とはいえ、成長株の予備軍である会社のすべてが、将来伸びるわけではありません。**成長せずに低迷する会社も珍しくないのです。**

真の成長株を見極めるには、世のなかの出来事に敏感になり、本当に有望な事業を手がけているかどうかも含め、入念に分析する必要があります。

また、誰でもわかるような有望な成長株は、すでに人気があって、株価も高かったりします。

成長企業を見極める！

※特典映像も参照

通常の伸び

うちは
こう伸びる
はずだよ

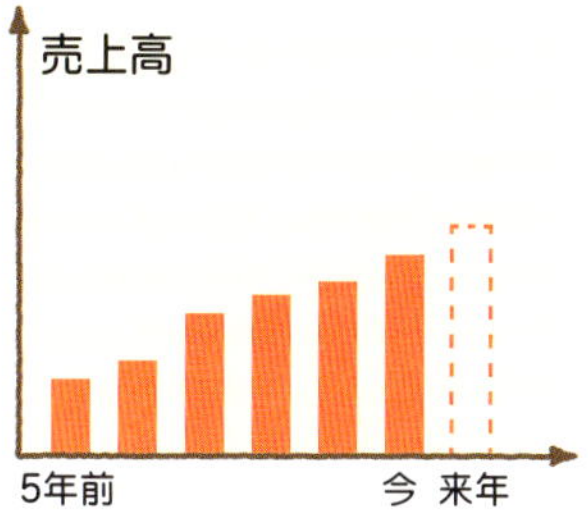
売上高
5年前
今
来年

新サービスが大ヒット

思っていた
以上の
大ヒット!!
ポジティブ
サプライズ

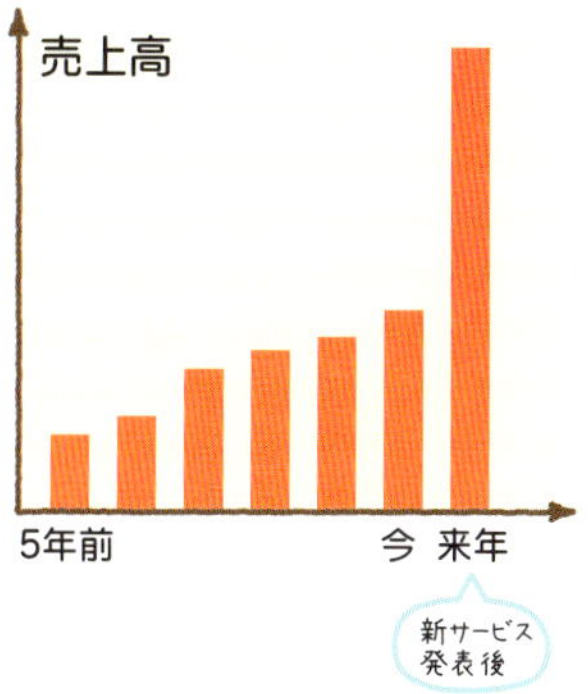
売上高
5年前
今
来年
新サービス
発表後

▶こんな企業を見つけるには

ニュース、世界情勢、街の様子に敏感たれ!!

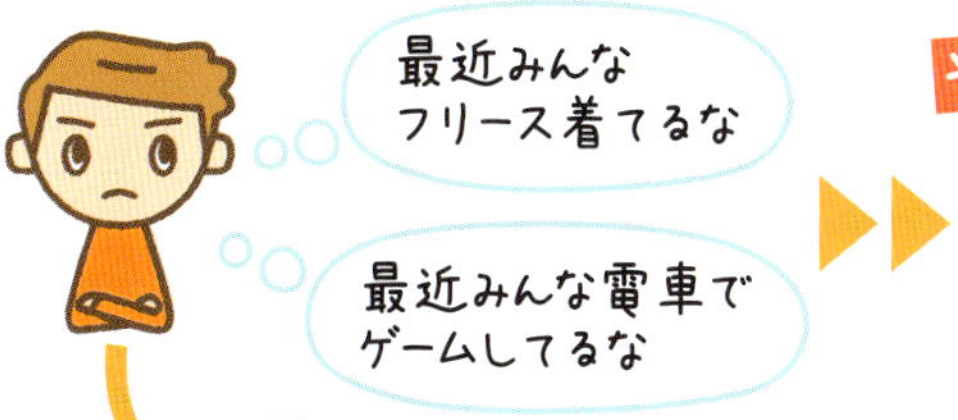
最近みんな
フリース着てるな
最近みんな電車で
ゲームしてるな

その後のニュース

・フリース素材の輸入が前年比200%の伸び!!
・スマホゲームが大流行
業績もうなぎのぼり!!

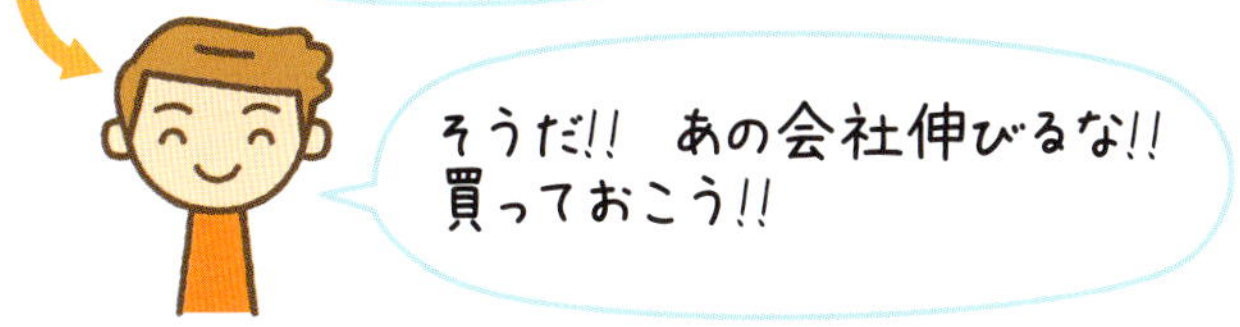
そうだ!! あの会社伸びるな!!
買っておこう!!

投資
トレード

17 「日経平均株価」で市場の動きを見る

相場全体の状況を大まかにつかめる

ニュースなどでよく聞く株関連の用語に「日経平均株価」（以下、日経平均）があります。

日経平均は大ざっぱにいえば、日本の平均株価です。トヨタ自動車やメガバンクなど、**日本を代表する225社の株価の平均値を算出した「株価指数」**なので、海外ではNikkei225という名称で普及しています（225社は定期的に入れ替わっています）。

日本経済新聞社が算出している指数ではありますが、**日本株の動きを知るうえで最も有名で注目度の高い株価指数です。**日本株を取引している人はみんな注目しています。

なお、日経平均に次いで注目されている代表的な株価指数に、「TOPIX（東証株価指数）」というものもあります。

日経平均はすべての投資家がチェック

日経平均が上昇している日は、「今日の日本株は好調だ」と考えがちです。逆に日経平均が下落していると「今日の日本株は不調」と判断する人が多いのです。

実際にはわずか225社の株価しか反映していないので、日本市場全体の動向を示しているとはいえません。

ですが、ここでは規模が大きく、活発に取引されている会社が選ばれているため、すべての投資家がチェックし、**必ずといっていいほど売買の判断材料の一つにしています。**

そのため「投資」であれ「トレード」であれ、日経平均の動きには注意しましょう。

日経平均は株取引の目安になる

日経平均株価
（日経平均・Nikkei225）
→ 日本を代表する企業・225社の、株価の平均値を算出した株価指数

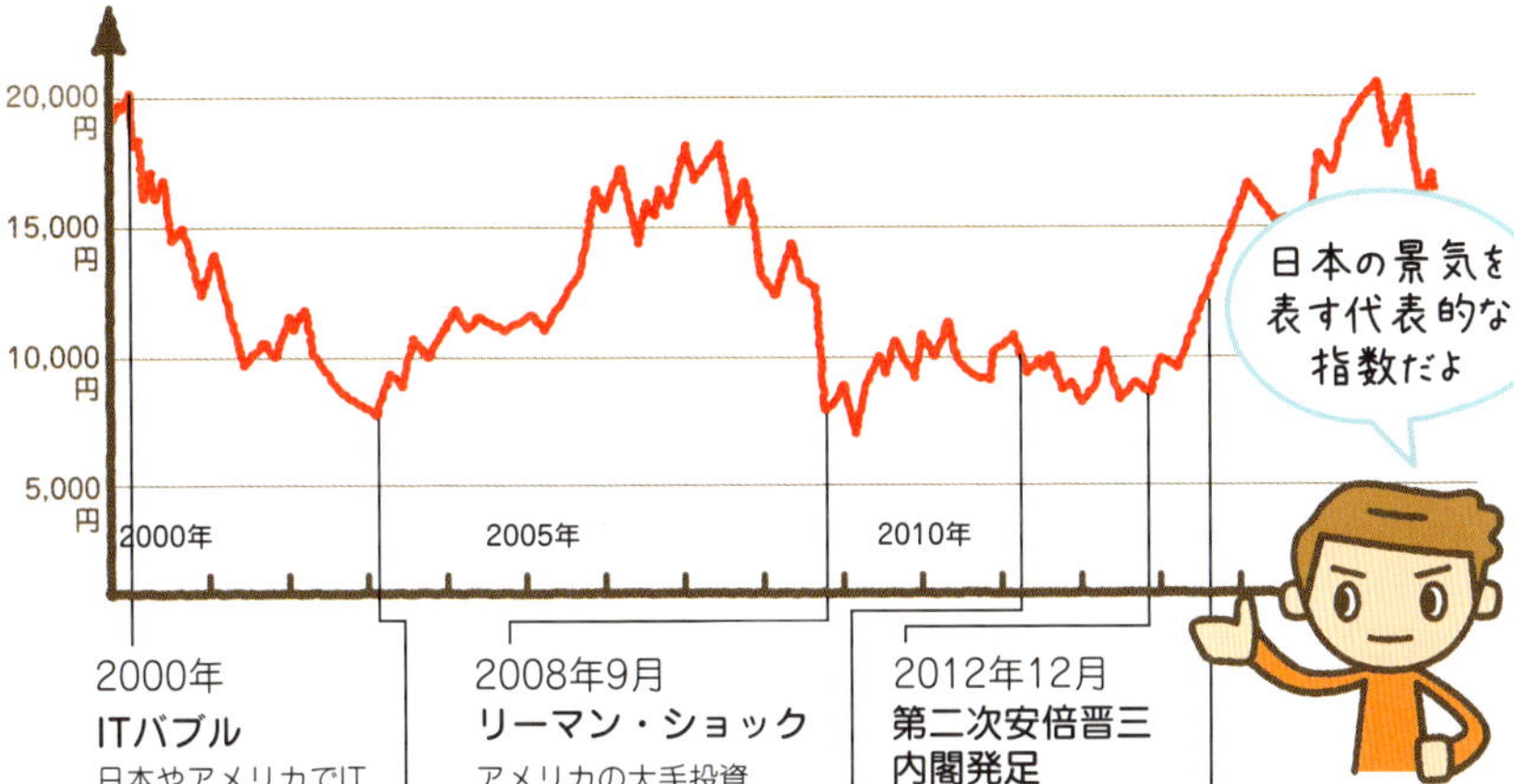

2000年
ITバブル
日本やアメリカでIT関連企業の人気が高まり、株価が急騰。その後バブルがはじける

2003年4月
ソニー・ショック
ソニーの大幅減益という決算発表で、電気関連株を中心に株価が大きく下落した

2008年9月
リーマン・ショック
アメリカの大手投資銀行リーマン・ブラザーズの破たんで、世界的な金融危機が起こる

2011年3月
東日本大震災
未曽有の大災害で、日経平均株価が低迷。再び1万円を下回る

2012年12月
第二次安倍晋三内閣発足
アベノミクスと呼ばれる経済立て直し政策の期待値もあり、景気が回復基調へと転換した

2013年9月
東京オリンピック開催決定
2020年のオリンピック開催地が東京に決まる。アベノミクス効果と相まって株価が上昇

用語解説

TOPIX（東証株価指数）

東証株価指数（TOkyo stock Price IndeX）とは、東証の主にプライム市場に上場する全銘柄の時価総額（株価に発行済株式総数をかけたもの）の合計をベースとして算出された数値。

日経平均株価は、選ばれた225銘柄の株価の単純平均なので、株価が高い銘柄に影響されやすい。

一方でTOPIXは、より多くの銘柄の時価総額を対象にしているので、市場全体の動きをより正確にとらえている指数といえる。

投資
トレード

18 アメリカの株価に日経平均は連動しやすい

ダウ平均株価はアメリカ版日経平均

株式市場は世界中にありますが、いちばん規模が大きく、世界中の投資家が注目しているのはアメリカの市場です。**アメリカの代表的な株価指数に「ダウ平均株価（NYダウ）」と「NASDAQ（ナスダック）総合指数」があり、どちらも世界中の投資家に注目されています。**

NYダウは、アメリカにおける日経平均のようなものです。ニューヨーク証券取引所という世界最大の取引所に上場する株を中心に、アメリカの大企業30社の株価を平均して算出しています。

アメリカの新興市場は数も規模もケタ違い

NASDAQは、新興企業が数多く上場する市場です。新興市場とはいえ、日本と比べて、非常に大規模です。 日本に上場するすべての企業の規模を合わせても、ニューヨーク証券取引所どころかNASDAQにもおよびません（アップルやマイクロソフト、アマゾン、フェイスブックはNASDAQに上場しています）。

そのため、NASDAQ総合指数（NASDAQに上場する全銘柄を対象に算出）も、NYダウと同様、つねに注目されています。

日本株の動きは、NYダウやNASDAQ総合指数に連動しがちです。 アメリカの市場が閉じるのは日本時間の早朝なので、前日のNYダウの動向を参考に、日本株を売買する投資家がたくさんいます。

とくに「トレード」をする人は、これらの指数を気にかけておきましょう。

世界に影響するアメリカの２大指数

ダウ平均株価

ニューヨーク証券取引所とNASDAQに上場するアメリカの大企業30社を対象に算出する指数

主な銘柄

- ゴールドマン・サックス
- JP モルガン・チェース
- GE
- ボーイング
- コカ・コーラ
- P&G
- IBM
- アップル
- エクソンモービル
- ナイキ

など

NASDAQ総合指数

アメリカの新興企業が数多く上場する市場（NASDAQ）の全銘柄を対象に算出する指数

主な銘柄

- アマゾン・ドット・コム
- アルファベット（グーグルの持株会社）
- アップル
- マイクロソフト
- フェイスブック
- インテル
- ギリアド・サイエンシズ
- シマンテック

など

日経平均株価のアメリカ版といったイメージ。規模も影響力も大きい

新興市場銘柄だが、その名前を見ると大きな影響力を持つことがわかる

用語解説

世界の証券取引所とその規模

証券取引所のなかで世界最大規模なのはアメリカのニューヨーク証券取引所（NYSE）。NYSEに上場する企業の時価総額の合計は群を抜いており、２位のNASDAQ市場の２倍以上。時価総額で３位は東証だが、２位との間には開きがあり、むしろ４位の上海証券取引所が肉薄している。

NYSEやNASDAQはアメリカ国内の企業だけでなく、海外の超大手企業も多数上場しているので、おのずと、上場企業の時価総額の合計は大きくなる。

投資

トレード

19 円高・円安と日本株の深い関係

株価は上がったのに為替で損することも

日本円と海外の通貨を交換することを「外国為替取引」と呼び、交換する際の比率（レート）を「為替レート」と呼びます。

重要なのは、アメリカドルと日本円（ドル-円）、ユーロと日本円（ユーロ-円）のレートです。

よくニュースで「円高」「円安」という言葉を聞きますが、これは原則、**アメリカドルに対して円が高いか安いかを示しています。**

なぜ、ドル-円の為替レートが重要かといえば、取引量が多く、多くの日本企業の業績に影響するからです。

日本には海外と取引（輸出や輸入）している会社がたくさんあります。輸入するときはドルで支払うのでドルが必要ですし、輸出するときはドルを円にして受け取ります。このとき、外国為替取引が生じるので、為替レートによって損したり得したりします。

大ざっぱに定義すると、**輸出企業は円安のほうが得をし、輸入企業は円高のほうが得です。**そのため、円安になると輸出企業の株が買われやすい傾向になります。

FXって運用法としてどうなの？

運用を始める際、FXと株のどちらにするか迷う人も多くいます。FXのほうが少額で始められ、ドル-円やユーロ-円など、銘柄も選びやすいかもしれません。

ただ、私は迷わず日本株を選びます。**なぜならFXの場合、取引相手が世界でもトップクラスの金融のプロやスーパーコンピューターだからです。**一方、日本株の場合は、そこまではありません。

円高・円安だと株はどうなる？

	円安 120円	円高 80円
輸出 利益100万ドル	○ 1億2000万円（100万ドル×120円）	× 8000万円（100万ドル×80円）

※同じ100万ドルでも円安のほうが4000万円も増える

	円安 120円	円高 80円
輸入 仕入れ100万ドル 2億円で販売	× 1億2000万円の支払い	○ 8000万円の支払い

※同じ100万ドルでも円高のほうが4000万円も仕入れが安くなる

円安に強い銘柄は？
・輸出関連
（日本で作って海外で売っている会社 ex 自動車）

円高に強い銘柄は？
・輸入関連
（海外で作って日本で売っている会社 ex 服・靴・家具）

用語解説

FX

「外国為替証拠金取引」ともいう。円とドルだけでなく、ドルとユーロ、ユーロとポンドのように、円以外の通貨ペアの取引もできる。

また、FXでは最大25倍の「レバレッジ」をかけることができる。たとえば4万円の元手があったら、最大100万円分の取引が可能。レバレッジをかけて取引すれば、利益が出た場合は、利益はレバレッジの分だけ大きくなるが、逆の場合は損失が膨らむことになる。基本的にFXはハイリスクといわれている。

20 新たに上場するIPO株には投資もトレードも注目

投資
トレード

IPOを行う会社には、伸びるところもある

証券取引所に新たに上場することを「IPO（新規株式公開）」といいます。

なぜIPOをするのかというと、もっと成長するために資金を集めるためです。これから資金を集めてさらに成長しようとする会社なので、**成長株の原石が潜んでいることもあり**、「投資」する人には、注目すべき価値があります。

ただし、IPOする新しい業態・ビジネスがすべてうまくいくとはかぎりません。むしろ、ほとんどうまくいかないと考えておいたほうがいいでしょう。「上場ゴール」という言葉があるくらい、**上場そのものが目的になってしまい、上場したとたんに業績が悪くなる会社も混じっています。**

玉石混交なのがIPO株です。期待も大事ですが、しっかり見極めることも大事です。

新規上場後は株価が乱高下しやすい

新規上場直後は注目されやすいため、株価が跳ね上がったり、急落したりと乱高下することがよくあります。あせって買ってしまい、急落で損をする人がとても多いので、注意が必要です。

ただし、**激しい値動きは「トレード」向きともいえます。**IPOには「トレード」派の人も注目してみるといいでしょう。

なおIPO株は、上場前に割り当てられた証券会社を通して買うことができます。多くの場合、人気があるため抽選になります。もちろん、いったん上場した後は申し込みなど必要なく、市場で売買できます。

IPO（新規上場）株式の入手手順

1. A社の上場を証券取引所が承認

上場を許可します
証券取引所
A社

2. 仮条件（上場時の株価）を決める

A社の上場時の株価は1500〜2000円です。ほしい人、どのくらいいる？
証券会社
1800円ならほしい！
2000円でいいからほしい！
ブックビルディング
予約・需要を積み上げる

3. 株価の決定

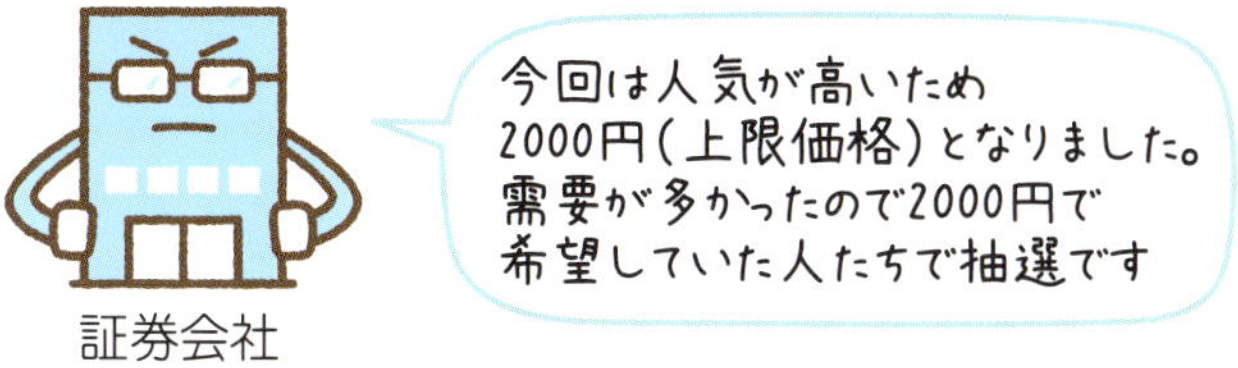
今回は人気が高いため2000円（上限価格）となりました。需要が多かったので2000円で希望していた人たちで抽選です
証券会社

4. 上場

上場日当日の朝9時に2000円で始まる

- 人気株の場合、買いが殺到し、倍の4000円で初値がつくことも
- 不人気株の場合、売りが殺到し、1000円など下がって初値がつくことも　※初値　上場した後、初めてマーケットでつく株価

21

株を買えば「配当」と「株主優待」をもらえる

投資

トレード

現金でもらえる配当 特産品などの株主優待

「配当」とは、会社が株主に利益の一部を現金で還元する方法です。年に1～4回、決算のタイミングに合わせて、その時点の株主に支払います。年に約1～2％の配当を出す会社が多いようです。

配当の分だけ株価は下落します（配当落ち）。この、配当落ちはけっこう見落とされがちです。また一概に、配当があるからといってよい株ともいえません。

配当のほかに、個人投資家に長く株を持ってもらう目的で「株主優待」を用意する会社もあります。

配当と同じタイミングで、株主に商品やサービスを贈ることです。クオカード等の金券や特産品、自社商品、割引券などさまざまです。ただし配当と同様、優待の分株価が下がる恐れがあるので、注意が必要です。

決められた日に株主であることが条件

配当と株主優待をもらうには、「権利確定日」と呼ばれる日に株主である必要があります。3月決算の会社では3月31日と9月30日（最終営業日）が多いでしょう。

ここで注意点ですが、**株を買った日が「権利確定日」になるわけではありません。買ってから2営業日かかります。**そのため、権利確定日から逆算して株を買う必要があります。

権利確定日の翌日に売っても優待を受けられます。実際に売却する投資家は多く、株価が下落するパターンもよくあります。5000円分の優待をもらうのに1万円損した、なんてこともあるので注意してください。

配当・株主優待をもらうには条件がある

株主名簿に名前が載るには？

権利確定日の2営業日前までに購入

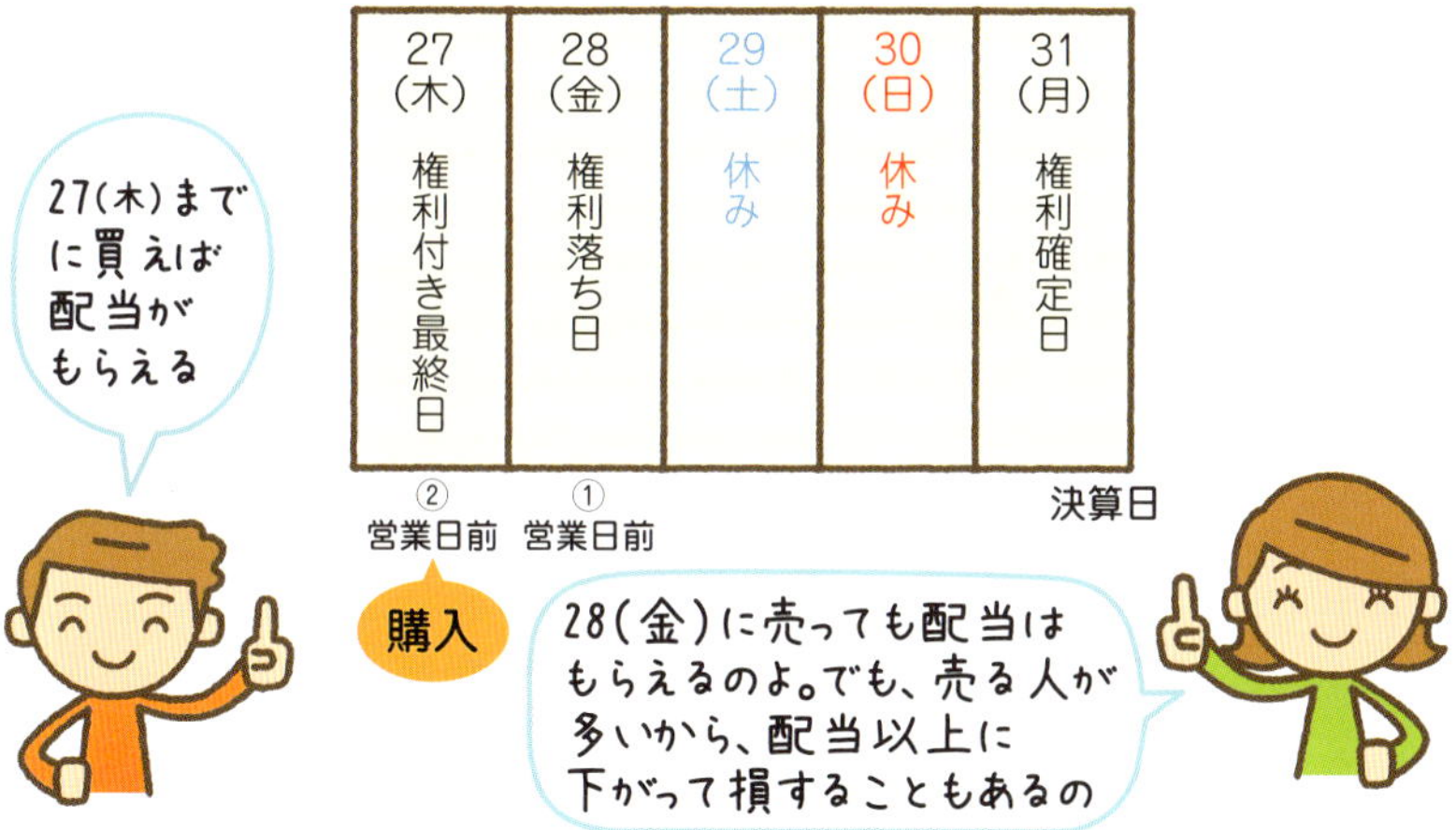

用語解説

高配当銘柄に注意

配当はつねに会社の予想どおり支払われるわけではない。高配当銘柄だと思っていても、突然減配されることもある。

また、「創業20年」などの節目に「記念配当」を出すこともあり、高配当利回りがその年かぎりということもあるので、注意が必要。

配当や株主優待は、多いほどうれしいが、配当落ちの際に理論上下落する幅もその分大きくなる。優待や配当を楽しむ際は、過度に期待するのではなく、株価の下落にも注意しよう。

22

株の利益には税金がかかる

投資

トレード

年間利益の2割が税金 利益がない場合はゼロ

銀行にお金を預けて利息を受け取る際、その利息に対して20・315%の税金がかかります（2019年5月現在）。

預金の利息と同様、**株を売って利益が出た場合や配当を受け取ったときにも、20・315%の税金がかかります。**もちろん、株を売って損失が出たときは課税されません。

さらに税金は1年間の配当も含めた利益に対してかかります。たとえば株を売買して年間100万円の利益が出たとしたら、税金は20万3150円となります。

売買手数料は損したときもかかる

税金以外にも株の取引には費用がかかります。それが、利益が出ようと損しようと関係なくかかる「売買手数料」です。これは証券会社に支払います。

手数料体系は証券会社ごとに違いますが、いわゆるネット証券といわれる証券会社は、それ以外の証券会社に比べて手数料が安くなっています。

さらに証券会社によっては、1日に何回売買しても定額の手数料になるタイプと、売買のたびに手数料が発生するタイプの、2種類が用意されていることもあります。

また信用取引（78ページ）をする場合は、証券会社から資金を借りて売買するため「金利」が発生します。

なお、税金については「NISA（少額投資非課税制度）」（64ページ）を利用することによって、免除を受けることもできます。

かかるコストは税金と売買手数料

その1 利益には税金がかかる

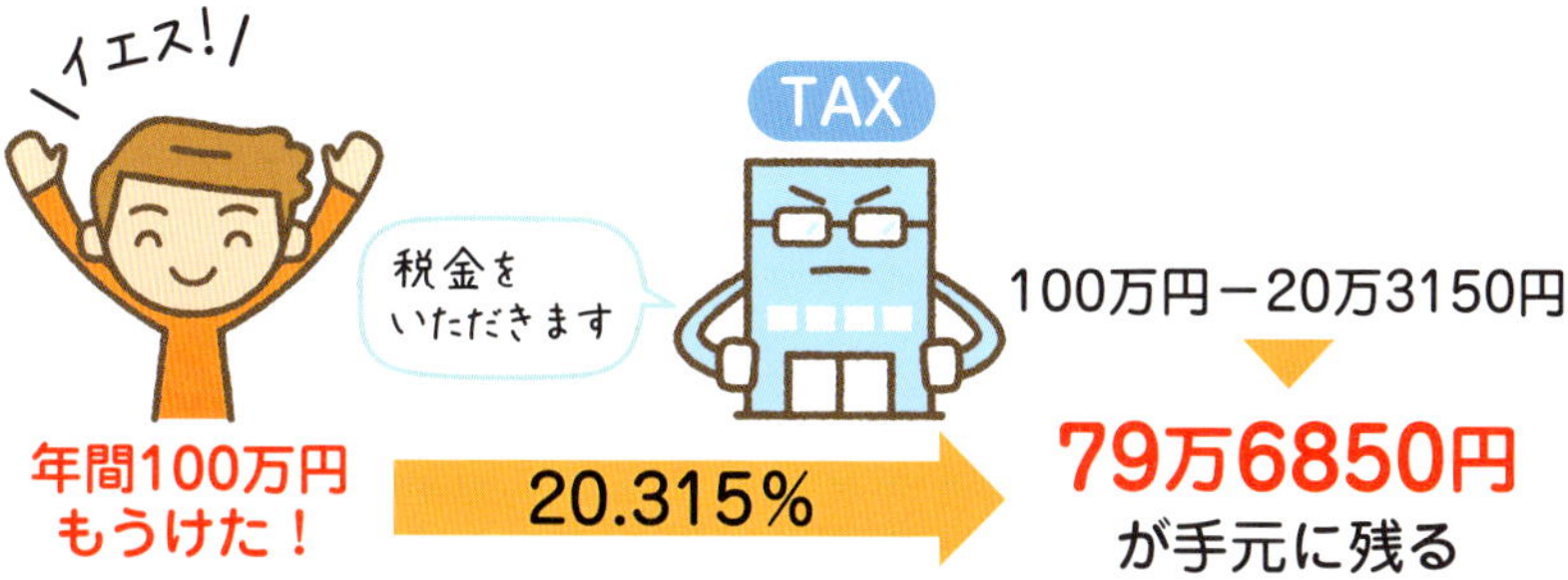

その2 売買には手数料がかかる

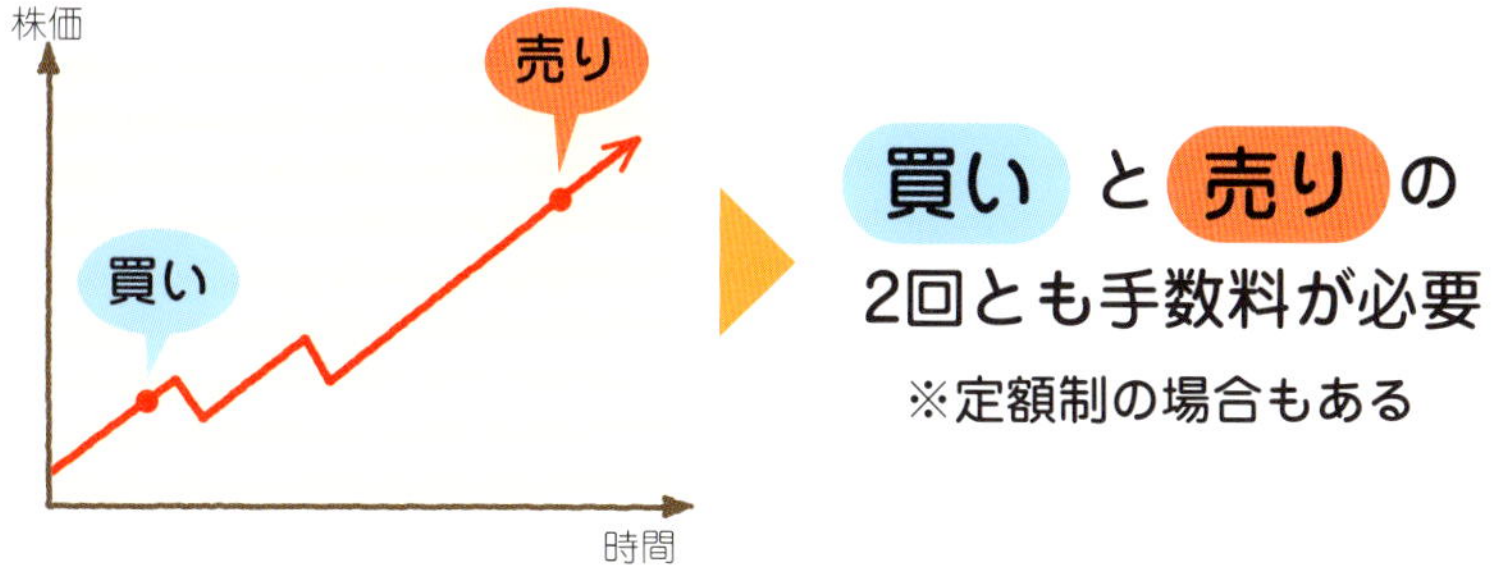

手数料は証券会社や取引金額によって変わる

用語解説

隠れたコスト――スリッページ

株を売買するときにかかるコストとして、見落とされがちなものに「スリッページ」がある。

たとえば「1000円で買おうと注文を出したら値段が上がってしまい、結局1005円で買うことになってしまった」というように、意図した価格よりも不利な価格で約定してしまうときに発生するコストのこと。

これは成行注文（80ページ）の場合のみ発生するが、意外とこのコストが大きいので、実際に売買する際には注意が必要。

23

「NISA」にはメリットもデメリットもある

投資

トレード

年間120万円までの投資による利益が非課税

日本は、国をあげて国民の投資を推奨しています。その一環で導入されたのが「NISA（ニーサ・少額投資非課税制度）」です。

毎年決まった投資枠内であれば、株式や投資信託の値上がり益や配当金を、非課税で受け取れる制度です。

2019年5月現在、年間の枠は「120万円」となっています。つまり、**買った株や投資信託などの合計金額が120万円以内であれば、それに対して生じた利益が非課税になるということです。**

なお、NISAの非課税期間は最大5年間となっています。

トレードを繰り返すとすぐ年間枠をオーバー

ただし、NISAには問題点もあります。NISAで損をしたとき、普通の証券口座のほうで利益が出ていても、それを「損益通算」できないのです。

損益通算とは、利益と損失を合算すること。損失が利益よりも大きければ、税金を支払わないで済むのに、**NISAの損失は通常口座の利益と合算できないのです。**

また、NISAの年間の枠は120万円ですが、仮に70万円の株を買ってからすぐ売却し、また別の60万円の株がほしくなっても、120万円の枠を超えてしまうので買えません。つまり、頻繁に売買する「トレード」ではすぐに枠を超えてしまうので、実質的に使えません。

よって、株式投資でNISAが有利なのは「**長期間保有し続けた結果、利益が出た場合のみ**」となります。

投資ならNISAでお得に取引できる

Point 1 NISA口座の利益は非課税

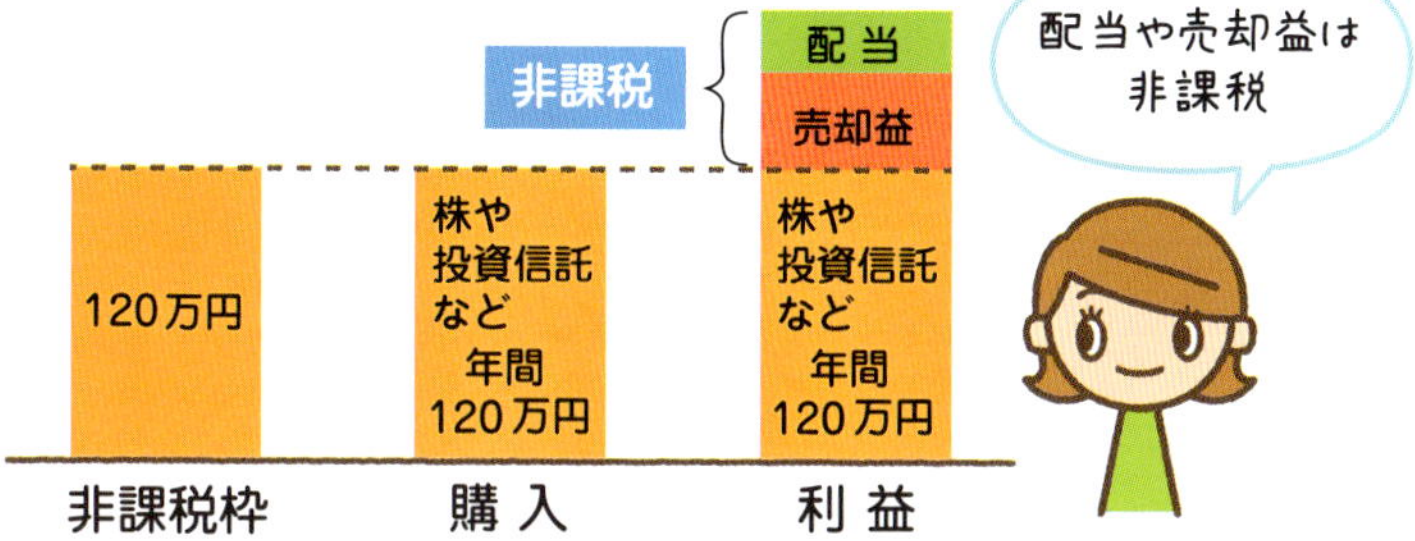

Point 2 非課税投資額は最大600万円

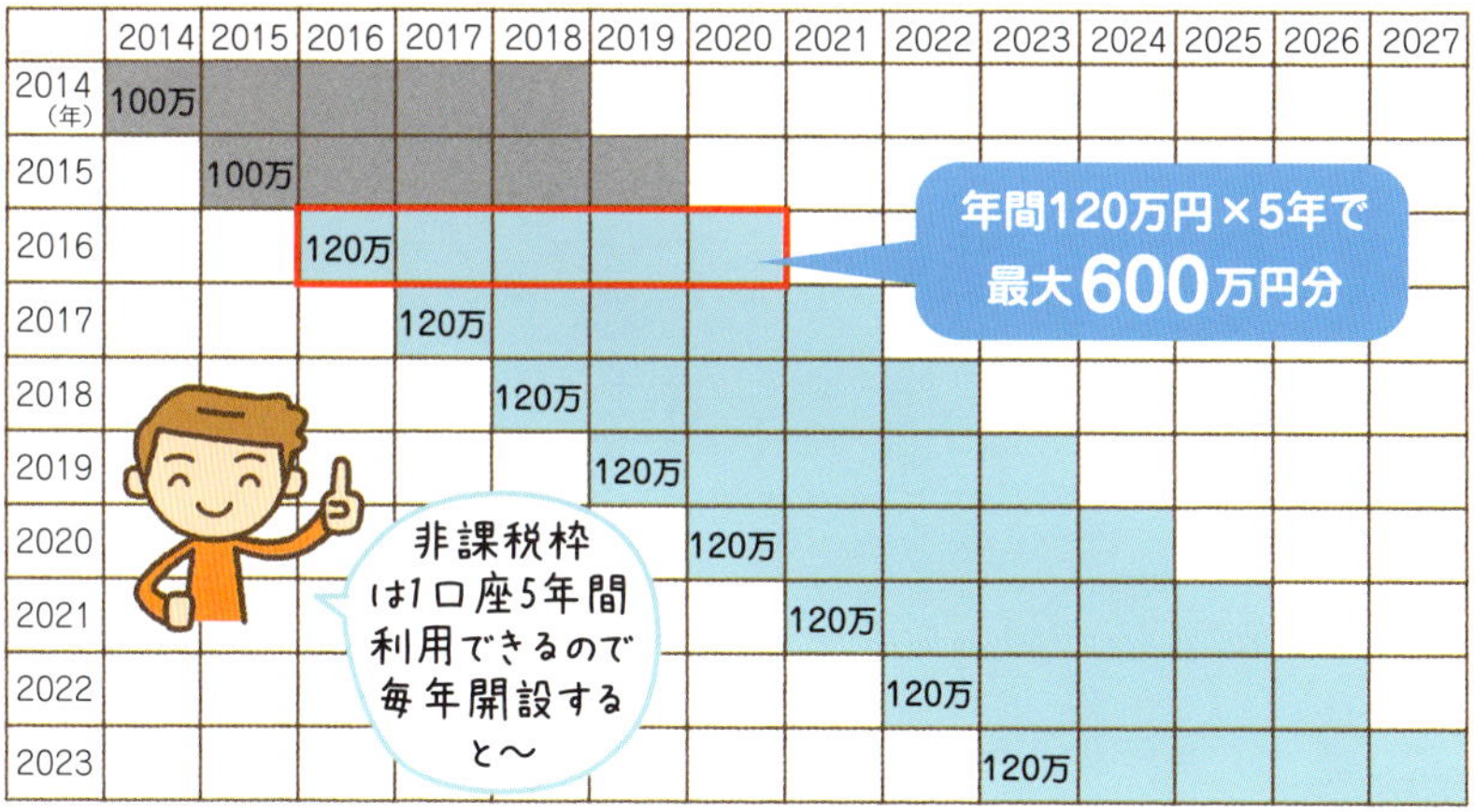

もっと知ろうNISA

用語解説

NISAはとても良い制度だが、見落とされがちな欠点がある。それは「損失を繰り越せない」こと。

通常の口座では、確定申告をすれば損失を3年間繰り越せる。たとえば翌年利益が出ても、前年の損失分だけ利益を相殺できるので、その分税金が安くなる。NISAの口座ではこれができない。

NISAのメリットは利益が出ることが前提だが、最初から利益を出せるとはかぎらない。まずは通常の口座で、利益を出せるようになろう。

24

「ETF」や「投資信託」も知っておこう

投資

トレード

ETFは手軽に買える「投資信託」

株式市場には、株のほかに「ETF（イーティーエフ）」や「REIT（リート）」と呼ばれているものが上場されています。これらは「投資信託」といわれているものの一つです。

投資信託は、ファンドマネージャーと呼ばれる人が、株や債券などの金融商品を複数選び、それを一つのパック商品のようにして販売しているものです。

通常、株や債券を何十種類も買うには大金が必要です。しかし、**投資信託であれば数万円から購入できます。**

株のように上場する投資信託が「ETF」

投資信託は通常、1日1回しか売買できません。ですが、株と同じ時間にいつでも売買できるのが「ETF（上場投資信託）」です。その名のとおり、株式市場に上場している投資信託です。

ETFには多くの種類がありますが、日本で最も多く売買されているのは、**日経平均などの株価指数に連動するものです。**ほかにも、海外の株価指数や原油価格など、さまざまな指数に連動しているETFがあります。

ほかの投資信託との大きな違いは、ETFのほうが、コストが安いことです。投資信託には割高な売買手数料に加えて信託報酬というものがかかりますが、**ETFは通常の株取引と同じくらいの売買手数料と割安な信託報酬になります。**

投資信託は長期保有が目的の「投資」向きになります。一方、ETFは商品によって「投資」にも「トレード」にも活用できます。

ETFにはメリットもいっぱいある

メリット1 細かな企業分析が不要

株

各企業の業績などを
見て買う

ETF

TOPIX　日経225
NYダウ　NASDAQ
などと連動

市場の値動きを見て
買うことができる

メリット2 少額で分散投資ができる

株

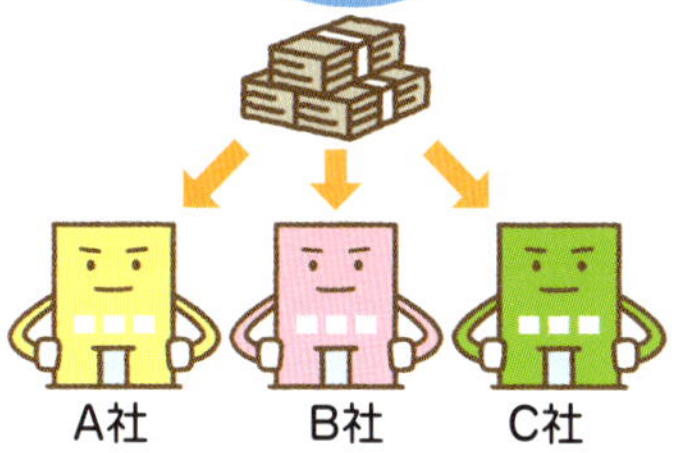

3社それぞれに分散

ETF

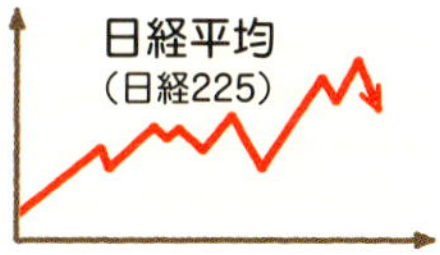

日経平均に連動するETFだと
225社を買ったのと同じ効果

多くの会社に分散した
ことになる

初心者にも比較的やさしい商品

用語解説

REIT（リート）

日本語では「不動産投資信託」。投資家から集めた資金を複数の不動産に投資し、それらの賃料収入や売買益を配当の形で投資家に分配する仕組み。

ETF同様、証券取引所に上場しているのでいつでも売買できる。投資対象はオフィスが主だが、住宅や商業施設も組み入れた総合型のREITが多い。ホテルや商業施設などに特化したREITもある。

日本の不動産に投資するREITを「J-REIT」、海外の不動産に投資するREITを「海外REIT」と呼ぶ。

25 外国株の魅力と注意点

投資
トレード

日本にいながら外国の株も買える

株式市場は世界中にあり、**ある程度大きな市場を持つ国であれば、日本の証券会社を通してその国の株を直接買えます。**

「長期投資」をする場合、日本株だけでなく、外国株も持つことで何かあったときの備えになります。また世界中の会社から、より成長する会社を見つけて投資することもできるのです。

外国株は「長期投資」が前提ですが、アメリカ株から始めるのがいいのではないでしょうか。

情報の少なさ・コスト・為替リスクなどに注意

ただ、外国株には日本株にはない注意点がいくつかあります。まず、売買手数料が日本株に比べて割高です。

また、海外の経済や株式の情報は、そう簡単には手に入りません。国によっては、日本ではあまり考えられない事態（テロや政変、長期のストライキなど）が起こることもあります。

さらに**為替の問題もあります。買った後に円高になってしまうと、損をしてしまいます。**たとえば１ドル１２０円のときに１００ドルの株を10株買ったとします（買値12万円）。３年後に株価が2倍の２００ドルになったとしても、１ドル90円だったら売値は18万円（6万円の利益）と、思ったほど利益が出ません。新興国の場合、さらにこの何倍もの為替リスクがあると考えておく必要があります。このように、外国株には高いハードルがあるので、**本当に期待できる成長株にじっくり「投資」する場合のみ検討しましょう。**

外国株には為替リスクがある

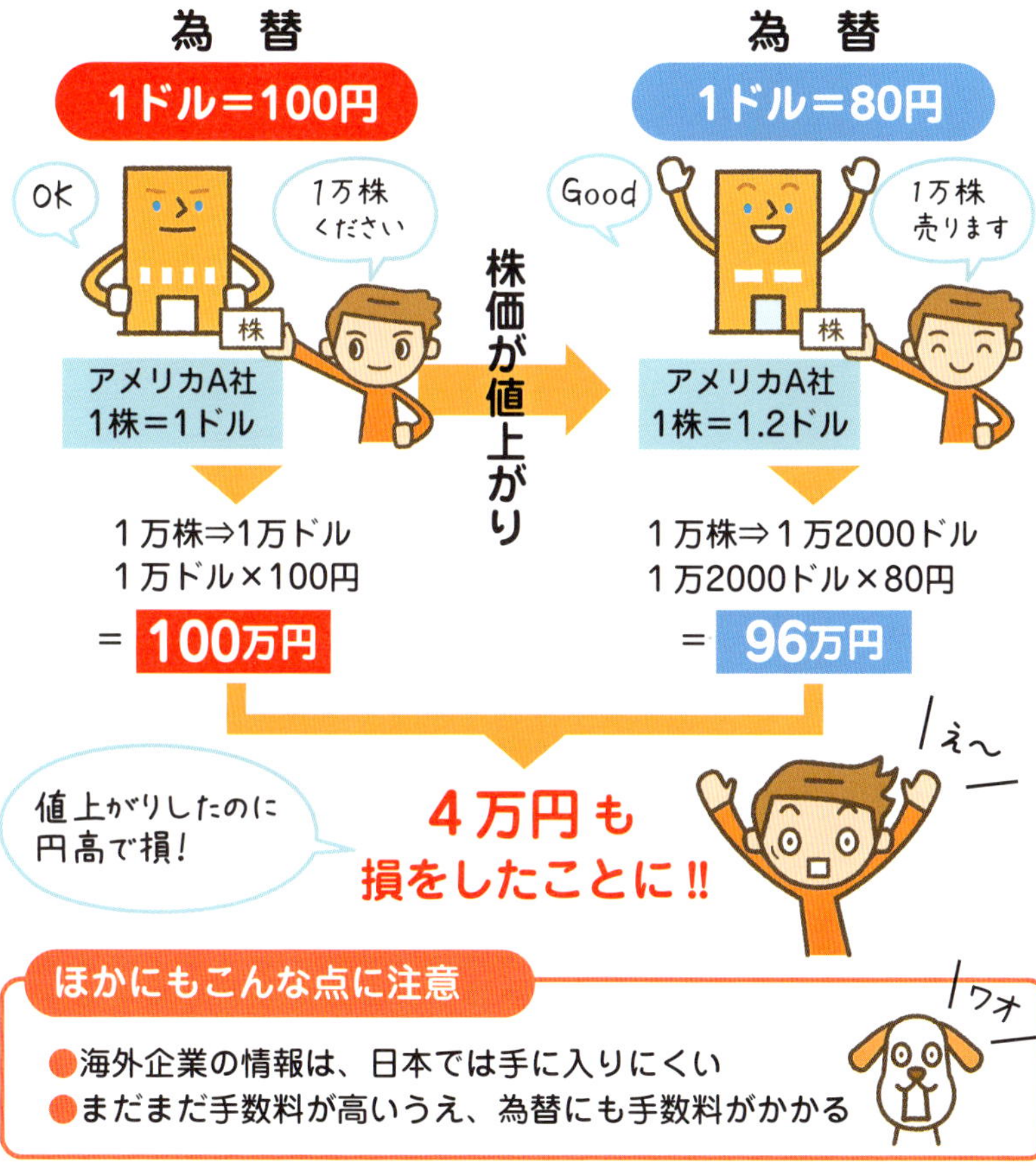

ほかにもこんな点に注意

- 海外企業の情報は、日本では手に入りにくい
- まだまだ手数料が高いうえ、為替にも手数料がかかる

用語解説

外国株のメリット

外国株投資にはリスクもあるが、大きなメリットもある。なかでも大きなメリットは、成長企業を多く見つけやすいという点。

もちろん、国内にも成長企業はあるが、少子高齢化で国内市場自体の拡大は望み難い。海外にまで目を向けると、より多くの成長企業を見つけることができる。とくに、アメリカには世界的に成長している企業も多く上場している。言葉の壁はあるが、じっくり探せば、大きな利益を得ることも可能。

Q. 証券会社の人がすすめる銘柄なら勝てますか

Answer

勝てません。正確にいうと、利益を出せることもありますが、証券会社のおすすめ銘柄だけで勝ち続けている人を、私は一人も知りません。勝ち続けている人は、自分で考えて銘柄を選んでいます。

私も株を始めたとき、同じ疑問を持っていました。そして証券会社の窓口に行っておすすめの銘柄を聞いたことがあります。当時はインターネットの情報も乏しく、証券会社の人のアドバイスやレポートが宝物のように貴重に思えました。結果的にその銘柄では勝てなかったのですが、ここには以下のような大事なポイントがあるのでお伝えします。

1. 証券会社の社員は、自ら株を買うこと自体が制限されている
2. 買う場合には、事前に申請して許可を取らなければならない
3. 内部情報や特別な情報に基づいて買うとインサイダー取引（不正取引）になるので、特別な情報を持っていない
4. もし、特別な情報を持っていても口外できない

証券会社の収入は売買手数料が基本です。顧客が稼ごうが損しようが、売買さえしてもらえば手数料が入るので、彼らは手数料を稼ぐプロではあります。ただ運用のプロではないので、勝てる銘柄を知っているわけではありません。もし知っていたら、サラリーマンなどしていないでしょう。

よって、証券会社としては手数料という売上が必要なので、いつでもあなたにいろいろな銘柄をすすめてきます。さらに最近は、個別銘柄よりも投資信託ばかりをすすめる証券会社も増えています。なぜなら投資信託の場合、株と違って、保有しているだけで顧客は証券会社に手数料（信託報酬）を毎日支払う必要があるからです。

PART 3

スタートのための5つの準備

26 株を始めるにはスマホだけじゃダメ！

きちんと始めるならパソコンが必要

株の売買（注文）をするだけなら、パソコンがなくても可能です。最近ではスマートフォン（スマホ）で売買する人も増えています。

ほかにも、証券会社の窓口や電話で売買の注文を出すこともできますが、これらは手数料が高いのでおすすめできません。

株の売買をするだけなら、ネット環境さえあればスマホでもできますが、**しっかり情報収集するには、パソコンもあったほうがいいでしょう。**

パソコンはスマホより画面が大きい分、一度に集められる情報量が格段と増えます。

テレビや雑誌などで、個人投資家が複数のディスプレイを眺めながら株を売買している様子が取り上げられることもありますが、そこまで必要ありません。**大きめのディスプレイが1台あれば、まずは十分です。**

ただ、複数あればさらに大量の情報を表示できるので、とくに「トレード」をしたい人には便利です。パソコン1台と、必要に応じてディスプレイを足していくのがよいでしょう。

スマホと併用すればいつでも売買できる

スマホがあると便利なのは、外出先でちょっと株価をチェックしたり、企業の簡単な分析ができることです。また緊急時にも素早く注文を出せるのが、スマホの大きなメリットです。

ほとんどの証券会社は便利なアプリも出しているので、口座を作ったらその証券会社のアプリもダウンロードしておきましょう。

口座開設までの流れ

※特典映像も参照

1 取引する証券会社を選ぶ

※基本的に証券会社に口座を
作らないと株取引はできない

2 会社のホームページから口座開設を申し込む

※必要事項を記入して送信

3 取引会社から関係書類が郵送される

4 書類に必要事項を記入して返送

5 取引会社で審査

6 口座開設が完了

7 お金を振り込んで取引開始

取引はパソコンでも
スマートフォンでも可能

取引する会社によって審査や口座開設にかかる
時間、方法は異なる。
ほとんどがインターネットを通じて開設できる

27

証券会社を選ぶカギは「手数料」と「情報ツール」

投資
トレード

ネット専業の証券会社を選ぼう

口座を開く際、まずは日本の数ある証券会社のなかから、どこを選ぶかを決めなければなりません。おすすめはネット証券（主にインターネットを通じて取引ができる証券会社）です。

なぜなら、**駅前や街に店舗がある証券会社よりも経費がかからない分、手数料が大幅に安くなっているからです。**

大手証券会社は、窓口などでのサービスは手厚いものの、手数料が高いのが特徴です。資金が数千万円以上あり、手数料うんぬんよりも顔が見える窓口での対応やサービスなどを優先したいという富裕層向きの証券会社と認識しましょう。

ネット証券の違いはトレードで使うツール

最近では、どのネット証券会社も売買手数料が安く、ほぼ横並びの状態です。**異なるのは、株以外に扱っている金融商品のラインナップやツールです。**

ここでいうツールとは、株の情報収集をするためのソフトのことです。株価チャートや注文画面の使いやすさ・見やすさなどが証券会社を選ぶ決め手になってきます。

とくに「トレード」をするには、ツールを使いこなす必要があります。**口座開設はどこもほとんど無料なので、複数の会社を使い比べてみるといいでしょう。**

ネット証券の中でもとくにおすすめなのは「SBI証券」「マネックス証券」「カブドットコム証券」です。ほかにも「岡三オンライン証券」「松井証券」「楽天証券」「GMOクリック証券」などがあります。

取引を始めるならネット証券で!!

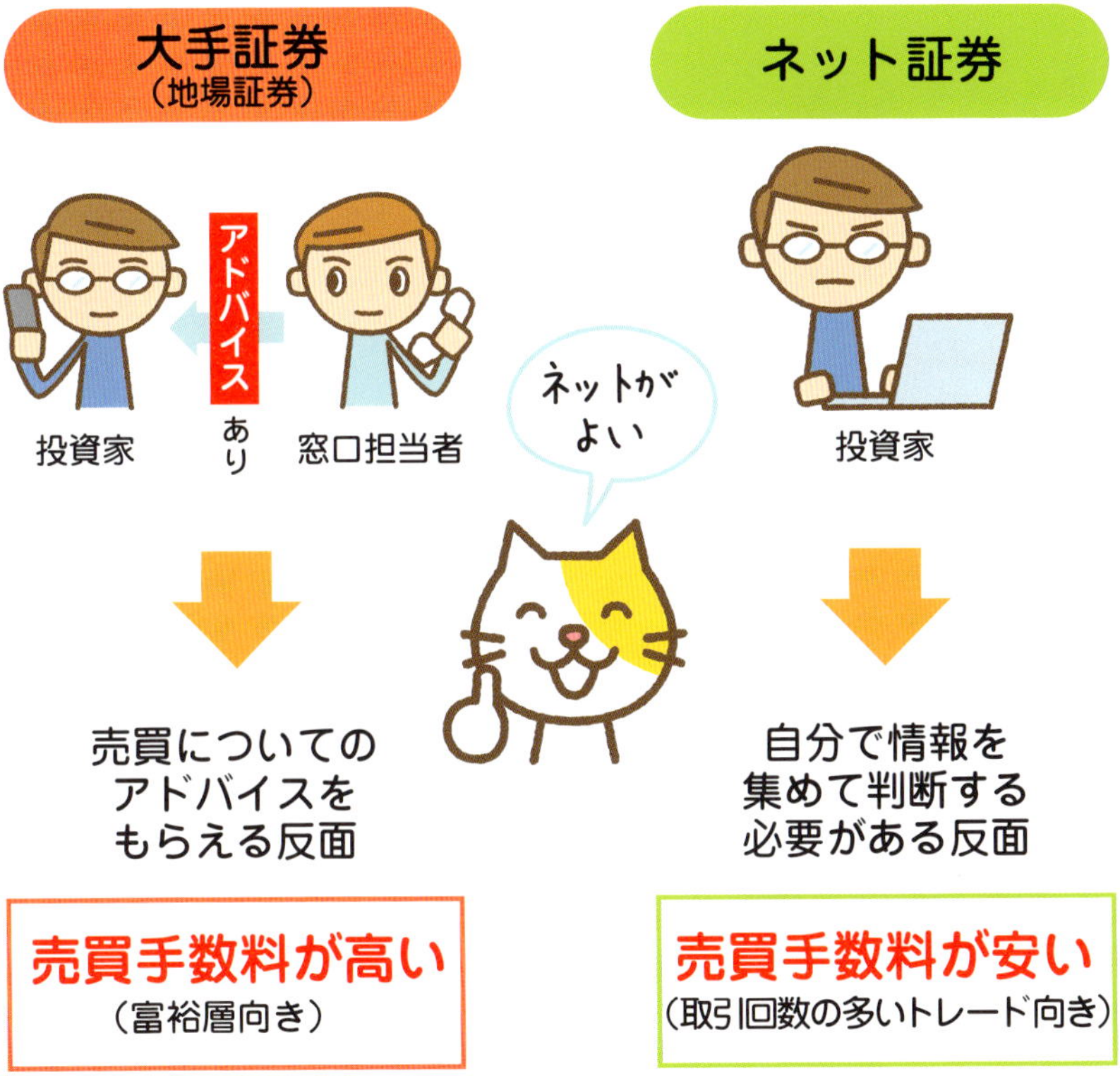

大手証券
（地場証券）
ネット証券
アドバイス
あり
投資家
窓口担当者
ネットがよい
投資家
売買についての
アドバイスを
もらえる反面
自分で情報を
集めて判断する
必要がある反面
売買手数料が高い
（富裕層向き）
売買手数料が安い
（取引回数の多いトレード向き）

用語解説

情報ツール

証券会社が提供している株の情報ツールは、パソコンにダウンロードして利用するものが多い。一度ダウンロードしてしまえば、チャートなどの情報が見やすくなったり、注文を出しやすくなったりするので、使わない手はない。

スマホで簡単に扱えるアプリも増えてきている。いずれも無料で使えるものが多い。

アプリやツールは種類も多く、好みも人それぞれなので、いろいろな証券会社のものを使ってみると良い。

28

口座開設の注意点「特定口座」を選ぶべし

投 資

トレード

口座の種類は三つある

証券会社の口座を開く際には、**口座の種類（「特定口座の源泉徴収あり」「特定口座の源泉徴収なし」「一般口座」）を選ぶ必要があります。**それぞれ利益が出たときの税金の支払い方法が異なります。特定口座であれば、証券会社が売買の利益や損失を計算して「年間取引報告書」という確定申告用の書類を作ってくれます。

なかでも**「特定口座の源泉徴収あり」は、証券会社が納税までしてくれるので、自分は何もする必要がありません。**確定申告も必要ありません。「特定口座の源泉徴収なし」は、年間取引報告書を活用して、自分で確定申告します。

「一般口座」は自分で取引をまとめて確定申告をしなくてはなりません。莫大《ばくだい》な手間がかかります。

「源泉徴収なし」のほうが得する場合もある

一般口座を作るメリットはほぼないので、基本は特定口座を選んでください。「源泉徴収あり」にすれば、確定申告も不要です。

会社員など、年間の給与収入が２０００万円以下の確定申告が不要な人で、株の利益が年間20万円以下の場合、確定申告をしないことも可能です。この場合、株の利益は非課税です。「源泉徴収あり」の場合、一律に課税されるので、「源泉徴収なし」にしたほうが得です。

ただし、住宅ローン控除などを受けるために確定申告する場合は、利益額にかかわらず、株の利益の申告も必要です。

なお、「源泉徴収あり」の場合でも、確定申告をすれば払いすぎた税金は戻ってきます。

特定口座にすれば納税の手間が省ける

※特典映像も参照

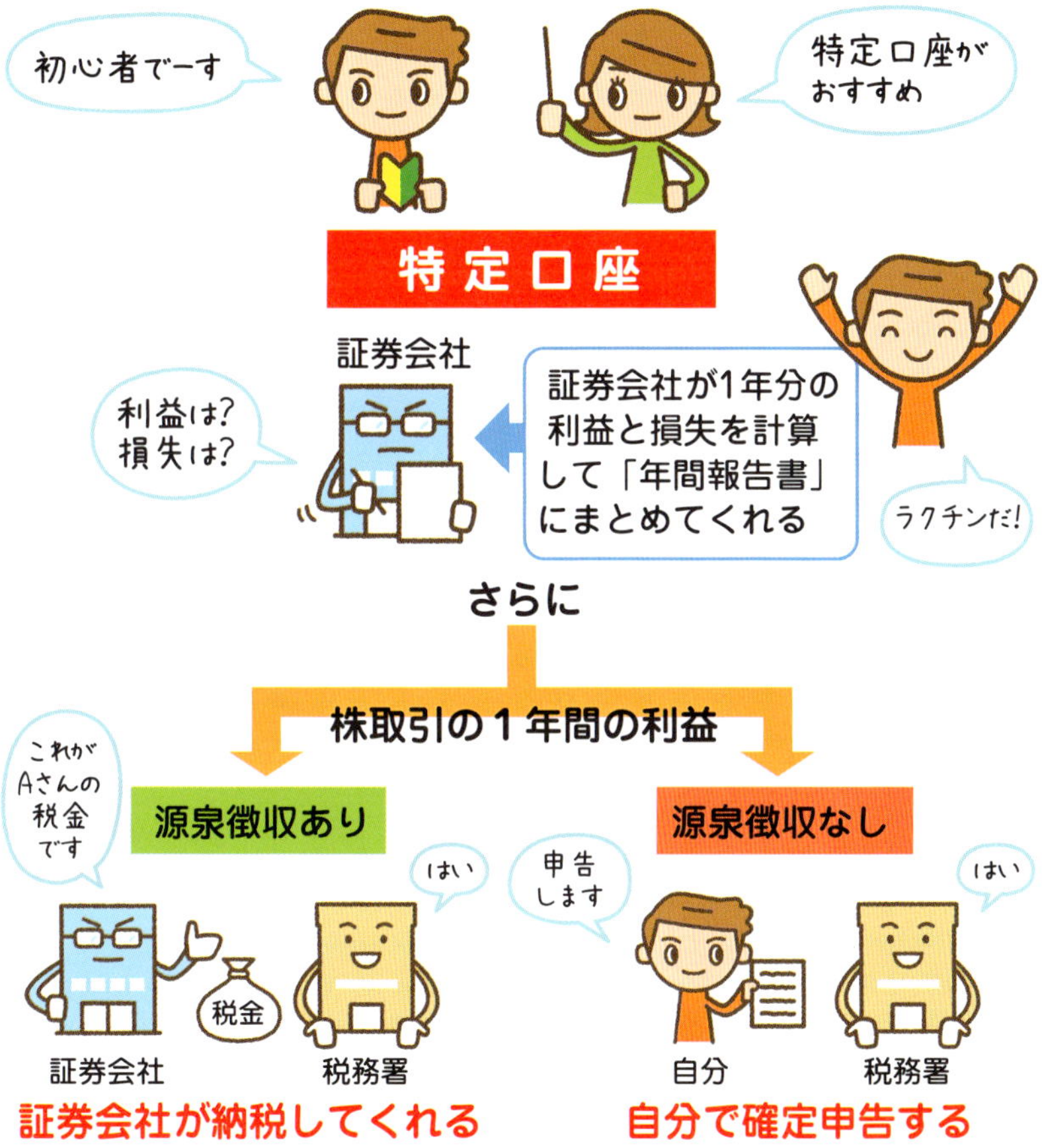

源泉徴収と確定申告

用語解説

株の利益には約20%の税金がかかる。「源泉徴収あり」の「特定口座」を開設しておけば確定申告の必要はない。年間を通して損失が出た場合は税金を支払う必要はないが、確定申告をすることで損失を繰り越し、翌年以降の税金を少なくすることができる。

確定申告は手間がかかるしよくわからないという人も多いが、損失が出たらぜひ確定申告をして、翌年以降に備えるべき。損失を繰り越せる3年以内にきっと取り戻せるはずです。

29 「信用口座」も開設しておこう

投資 トレード

信用取引をすると利益も損失も3倍に

自己資金の範囲内で株を売買することを「現物取引」といいます。口座に100万円あったら、100万円までしか株を買えないのが現物取引、いわゆる通常の株取引です。

これに対し、**自己資金以上のお金を証券会社から借りて、より多くの資金で取引する方法もあります。それが「信用取引」です。**

証券会社は、手持ちの資金の3倍までお金を貸してくれます。つまり自己資金が100万円あれば300万円分の取引ができるのです。もしあなたが100万円分の株を買い、それが110万円になったら利益は10万円ですが、同じ株を信用取引で300万円分買ったら、利益は3倍（30万円）になります。

一方で、**値下がりしたら損失も3倍になってしまいます。**

株価が下がっていてももうけられる

なお、現物取引は「上がりそうな株」を買うところから始まりますが、信用取引は「下がりそうな株」を〝売る〟ことからも始められます。**最初に株を売り、実際に下がったら買い戻すことで、差額を利益にできるのです。これを「空売り」といいます。**

初心者にはハードルが高い印象かもしれませんが、自動車にブレーキをつければ安全なように、「空売り」にもブレーキと同様のロスカット（100ページ参照）を取り入れればよいのです。「トレード」をする可能性のある人はぜひ、信用口座（信用取引用の口座）も開いておきましょう。

信用取引の特徴

●手持ちの資金以上の取引ができる

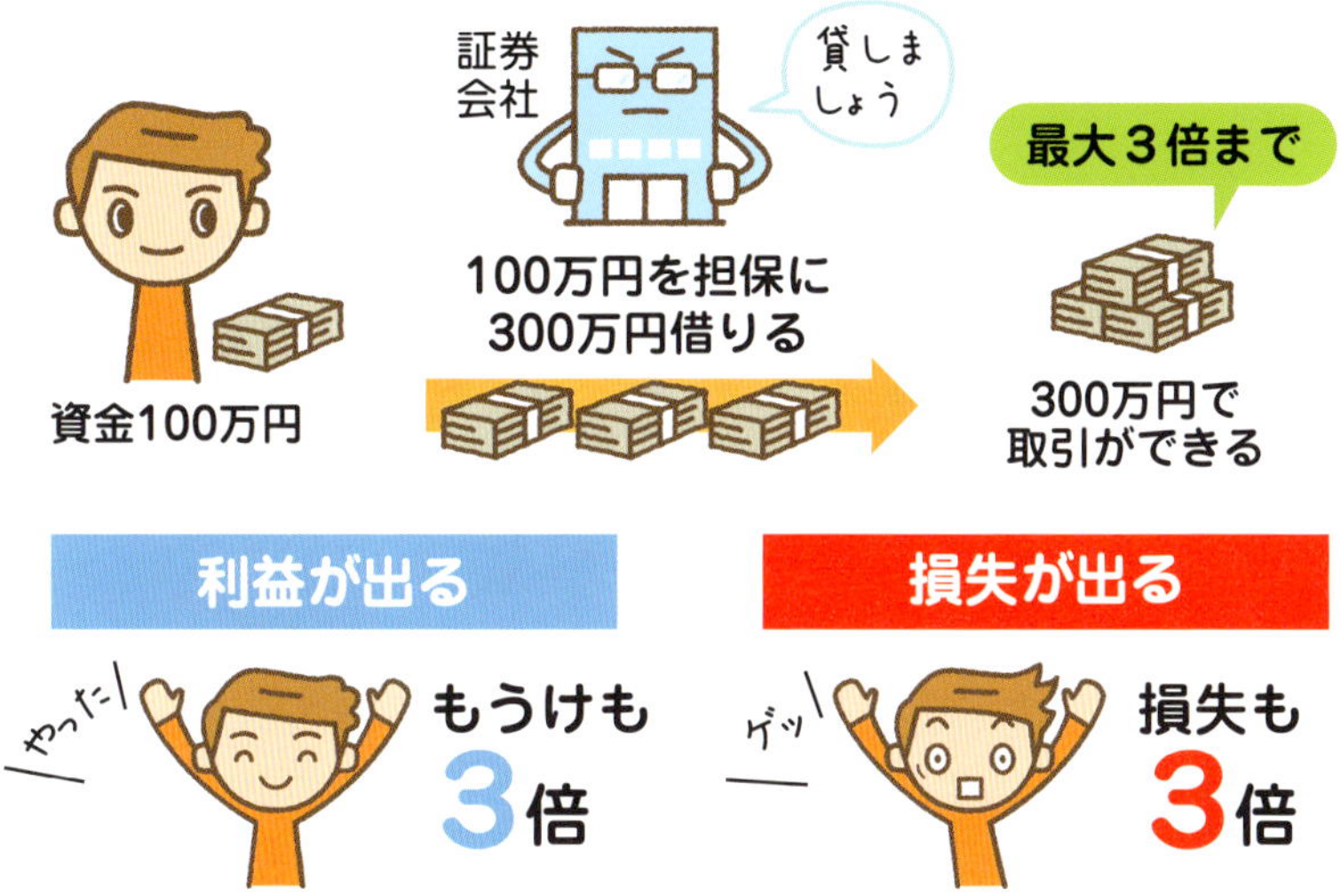
証券会社
貸しましょう
最大3倍まで
資金100万円
100万円を担保に
300万円借りる
300万円で
取引ができる
利益が出る
損失が出る
やったー
もうけも
3倍
ゲッ
損失も
3倍

●株価が下落しても利益が出せる

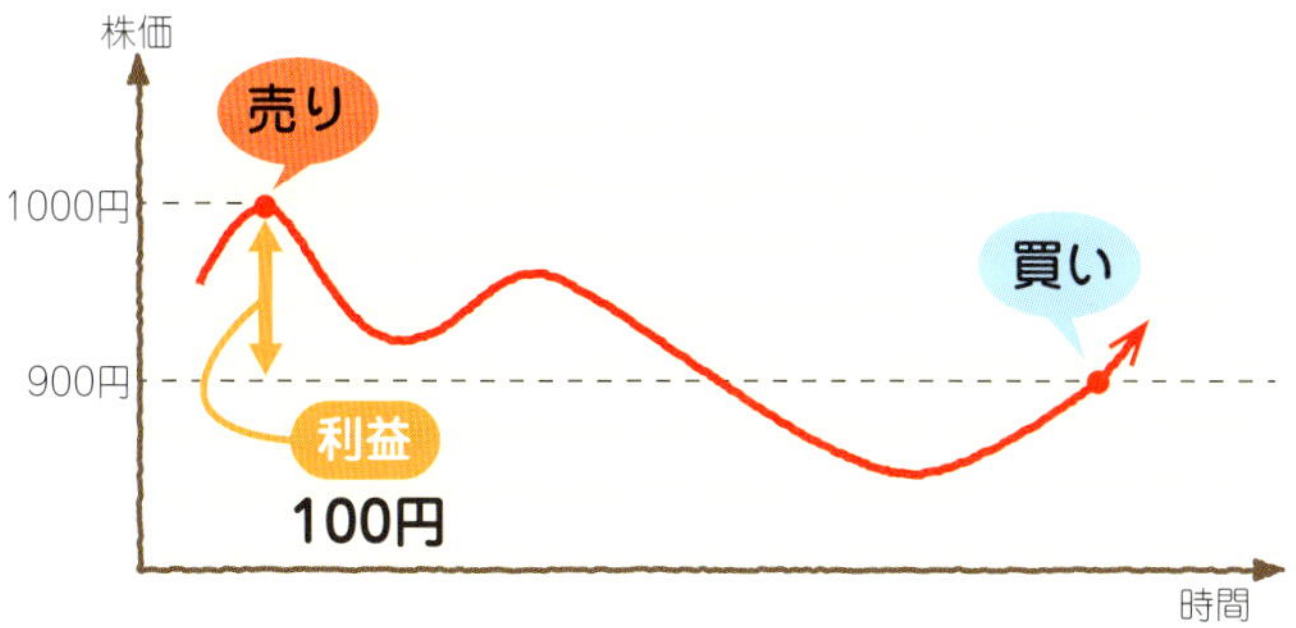
株価
売り
1000円
900円
買い
利益
100円
時間

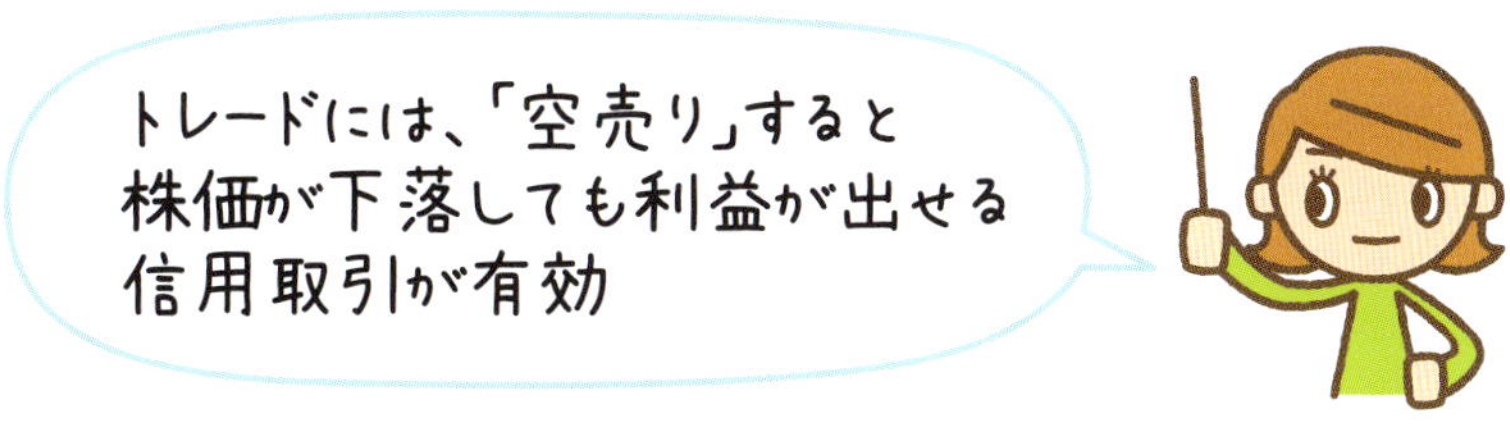
トレードには、「空売り」すると
株価が下落しても利益が出せる
信用取引が有効

30

株を注文する方法を覚えよう

投資

トレード

「指値」注文と「成行」注文

代表的な株の注文方法に「指値《さしね》」と「成行《なりゆき》」があります。

指値とは、自分で買う値段（もしくは売る値段）を決めて注文する方法です。「今1000円の株が990円になったら買いたい」とき、990円で指値注文します。

一方、**「成行」は値段を指定しない注文方法です。**「いくらでもいいから今買いたい」ときに使います。指値に比べて高い値段で買うことになりますが、「買えなくて悔しい」ということはなくなります。売るときはその逆で、「いくらでもいいから今売りたい」ときに使います。ロスカット（100ページ）をするときに使うことが多いです。なお、注文が成立することを「約定《やくじょう》」といいます。

トレードに使える「逆指値」注文

さらに、ほとんどの証券会社でできる方法に「逆指値《ぎゃくさしね》」注文があります。この「逆指値」という言葉が理解するのを難しくしていますが、要は「強気の待ち伏せ」です。

1000円の株が「990円に下がったときに買う」のが指値注文。**1000円の株が「1100円まで上がったときに買う」のが逆指値注文です。**

指値は「安くなったところで待ち伏せる」ので、下がっている（弱い）株を買うことになります。一方、**逆指値は「高いところで待ち伏せる」ので、上がっている（強い）株を買うのです。**

一見難しそうですが、一度やれば、誰でも簡単にできるようになりますし、便利な注文方法なので、ぜひ覚えておいてください。

成行注文と指値注文

※特典映像も参照

成行注文（買いの場合）

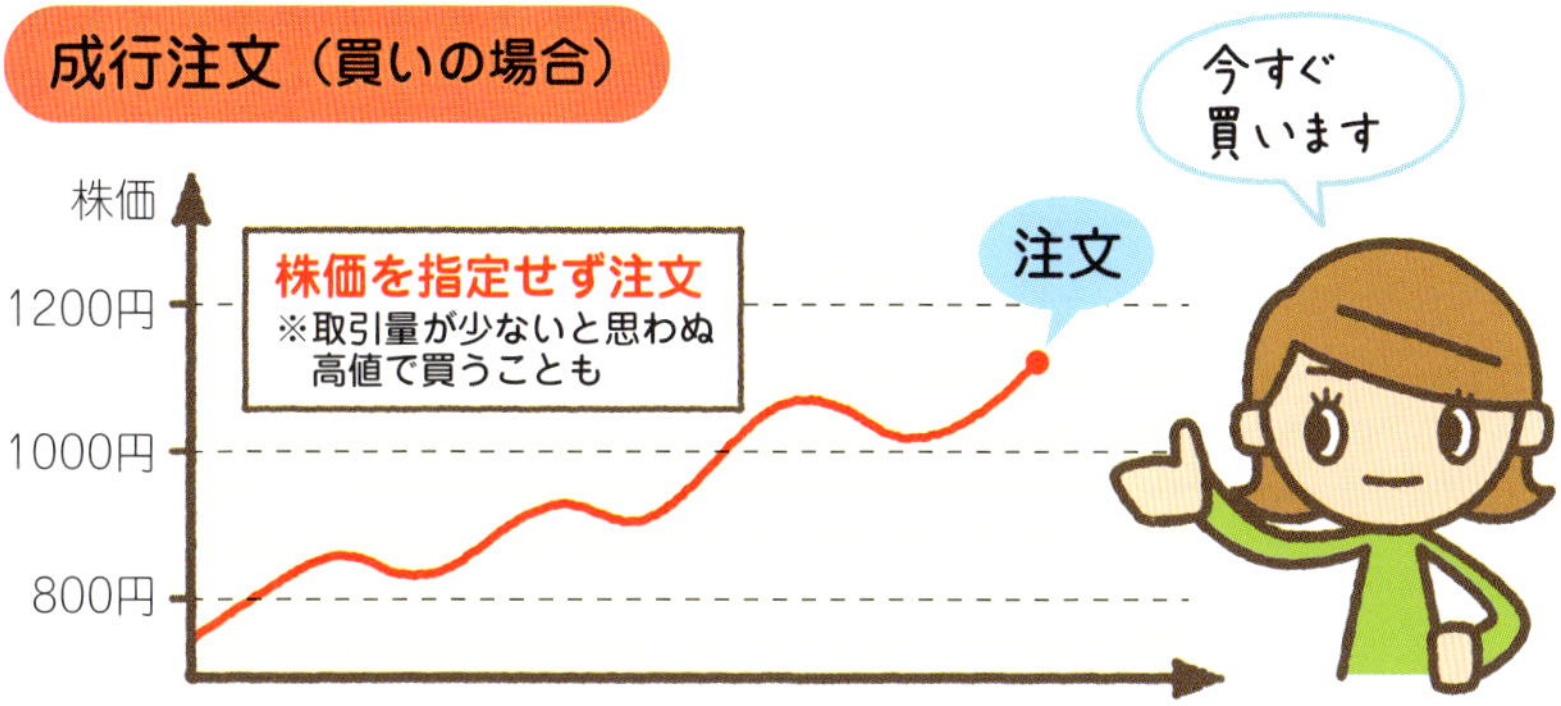

今すぐ確実に買いたいときに使う!!

指値注文（買いの場合）

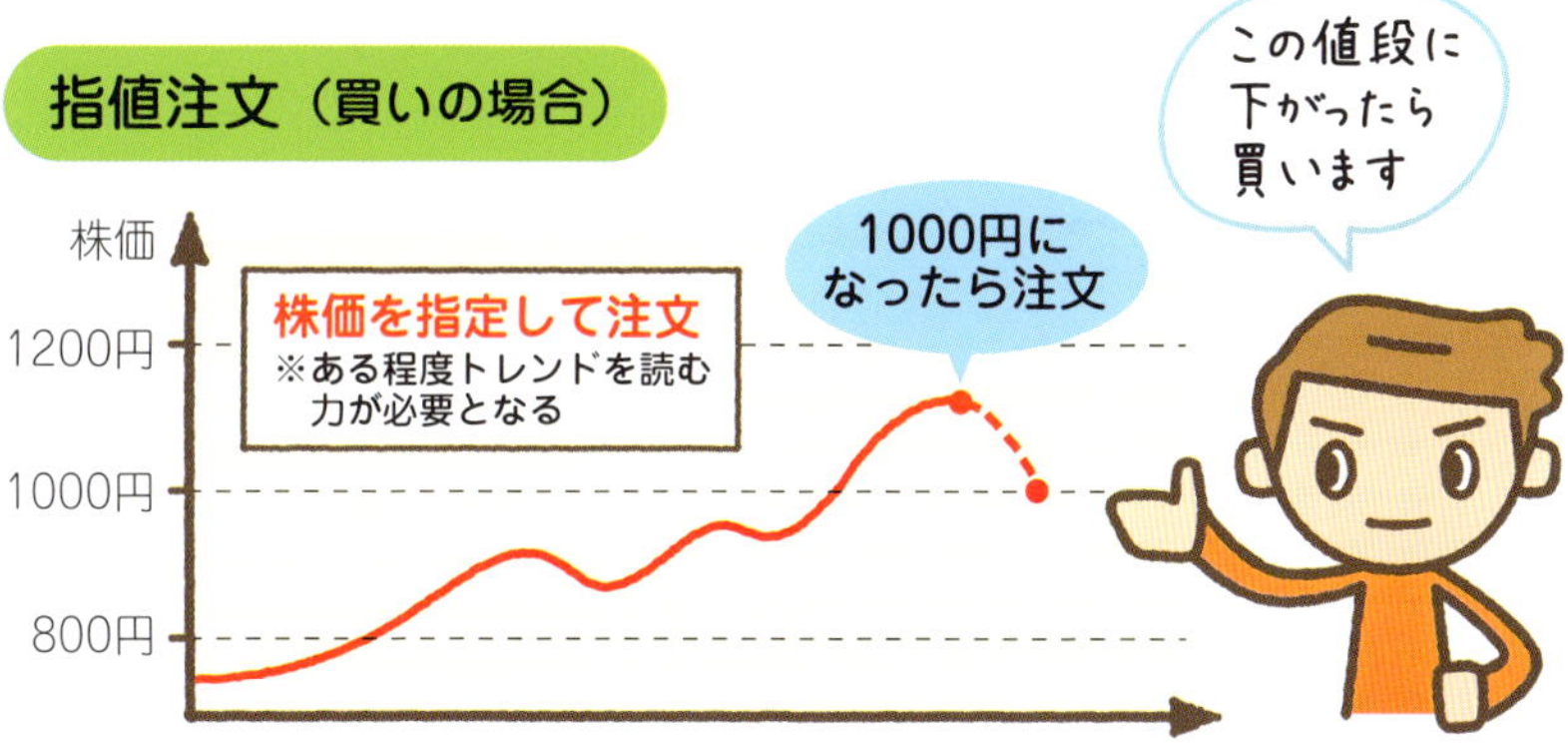

少しでも安く買いたい（高く売りたい）ときに使う!!

用語解説

証券コード

すべての上場企業に割り当てられている4桁の数字のこと。業種ごとに近い数字が割り当てられている。

たとえば「トヨタ自動車」は「7203」、日産自動車は「7201」となっている。

ニューヨーク証券取引所やNASDAQでは証券コードはなく、「ティッカーシンボル」と呼ばれるものが割り当てられている。コカ・コーラは「KO」、ディズニーは「DIS」、アマゾン・ドット・コムは「AMZN」というように、文字数も決まっているわけではない。

成行注文の場合（SBI証券の場合）

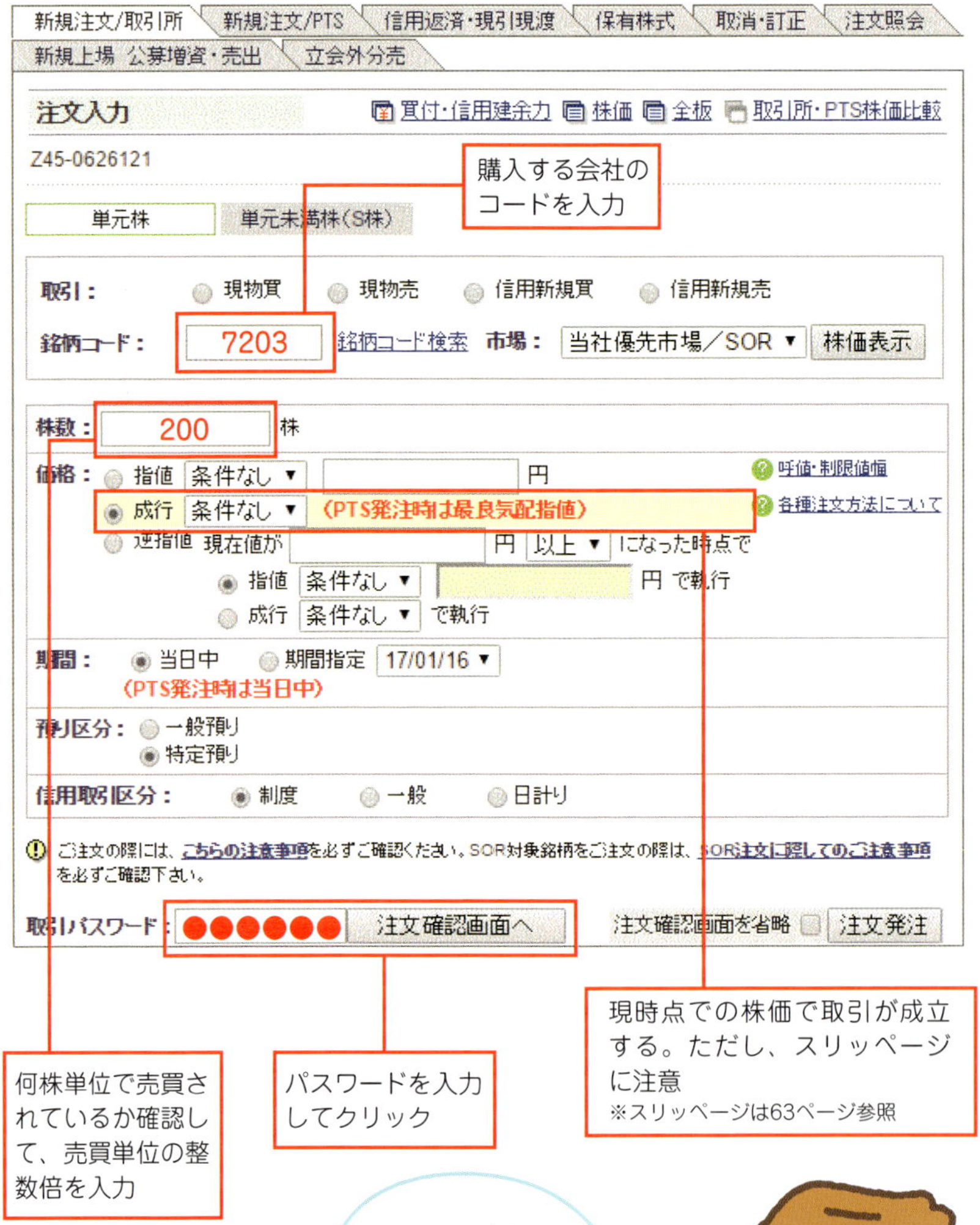

指値注文の場合（SBI証券の場合）

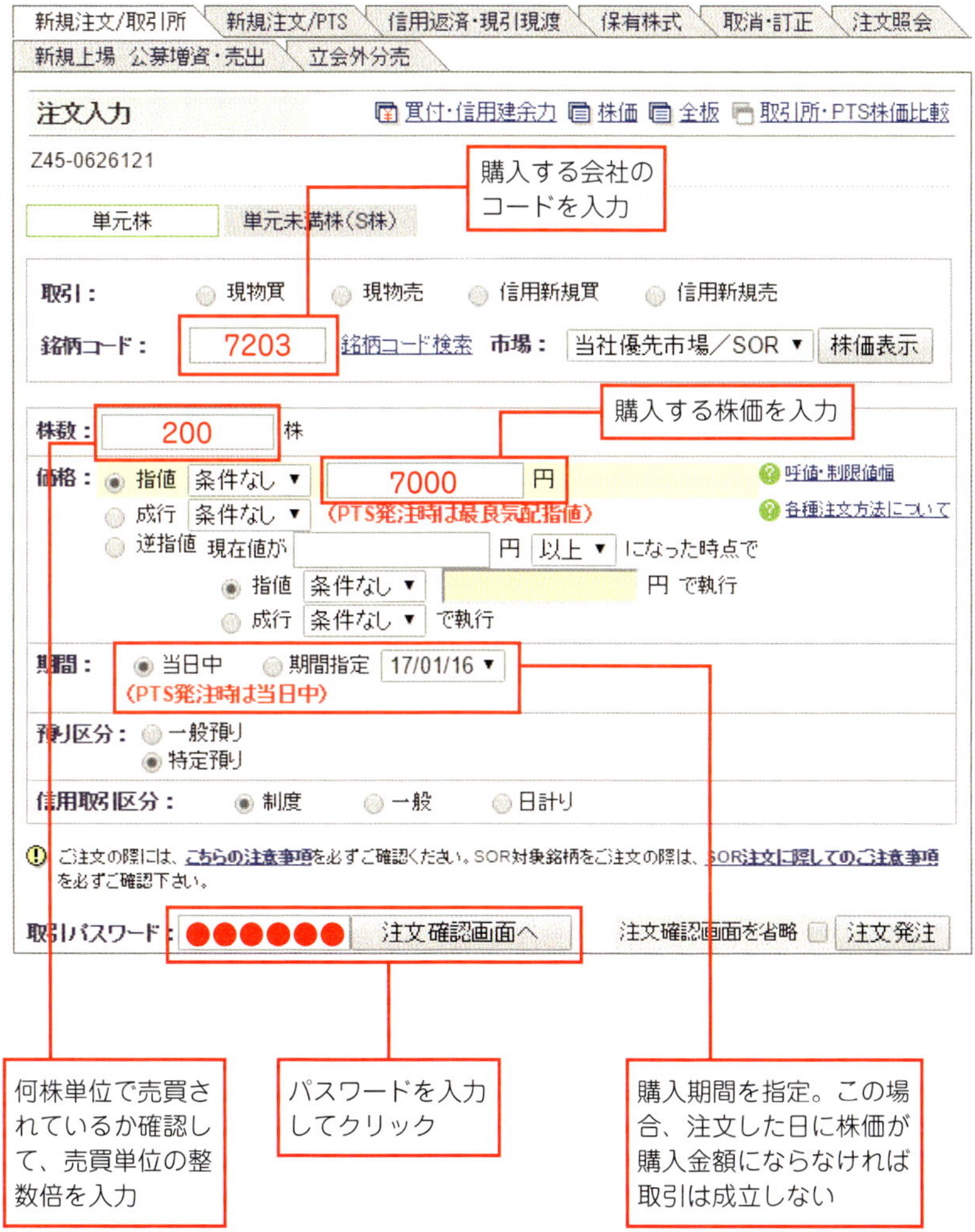

Q. 株をやっていると、会社にばれたりしますか。また、公務員が株をやると罰せられませんか

Answer

証券口座を「特定口座の源泉徴収あり」にすれば、会社にはばれません。これにすれば確定申告をする必要がないからです。

ですが、確定申告をしたほうが得する場合があります。たとえば複数の証券会社に口座を持っていて、ある会社の口座では利益が、別の会社では損失が出ている場合です。確定申告をすれば口座間の「損益通算」ができ、利益の出ている口座で源泉徴収されていた税金が戻ってきます。

さらに損失を出した場合、確定申告をすることで３年間、損失を繰り越せます。翌年以降に利益が出たときにも確定申告をすれば、利益から繰り越された損失が差し引けるようになり、源泉徴収されていた税金が戻ります。

ただしこれらの場合、経理担当者があなたの税額をしっかりチェックしていたら、税額から給与以外の収入があるとわかってしまいます。とはいえ、それが株の運用かどうかまではわかりません。

また公務員だからといって、個人資産の運用対象が株式というだけで罰せられるとは考えにくいでしょう。

仮に罰せられるほどの問題が発生するとしたら、①公務員に禁止されている「副業」とみなされる場合、②就業時間中に仕事以外のことをしていると捉えられる場合、が考えられます。①は、１年間に億単位で売買を繰り返すほどでもなければ考えにくいです。②は、職場のパソコンを利用せず、就業時間中を避けて昼休みに自分のスマホから注文などを行えば、問題にはならないと思われます。

ただし念のため、事前に上司、もしくは関係部署に株をやっても大丈夫かどうか確認してみてください。

PART 4

稼ぐための
チェックポイント

31

銘柄選び――長期投資
財務諸表から読み解こう

投資

トレード

利益が伸びていること 借金が多すぎないこと

「投資」をする場合、短くて半年、長ければ10年以上同じ株を持つことになります。よって、どの株（銘柄）を買うかが重要です。「投資」で利益を出し続けるために大切なのは2点。**一つは利益が伸びていること。もう一つは会社がつぶれないことです。**

売上が伸びているか、将来のために適切な投資をしているか、財務状態が健全か……これらをしっかり理解するために分析するのが「財務諸表」（42ページ）です。**気になる会社があったら、財務諸表を少なくとも3年分さかのぼってチェックします。**

まずは図が多く文字の大きい書籍を参考にして、分析するといいでしょう。続けていくうちに分析の質・量、スピードが上がっていきます。

たとえ他人が選んでも最後に決めるのは自分

とはいえ、なかなか自分だけで分析するのは大変です。雑誌やネットで話題の銘柄を買いたくなるかもしれません。とくに最初は人の分析のほうが説得力もあり、いい結果になりそうに思えます。

最初のとっかかりとして選ぶだけならそれでいいかもしれません。問題はその銘柄を何年も保有していくのはあなた自身だということです。保有中にビジネスモデルが変わったり、業績に問題が出たりするかもしれません。**自分でしっかり分析できていないと、保有すべきか否かの判断ができなくなってしまいます。**

分析力をつけるためにも、まずはしっかり学んでいきましょう。

投資銘柄を見つけるポイント

利益がしっかりと伸びているかはここで確認!

EPSが3期連続で伸びている会社

EPS = 1株当たりの純利益

計算式

当期純利益 ÷ 発行済み株式数

たとえば……

A社の過去3期のEPS

2015年3月期／EPS 100
2016年3月期／EPS 120
2017年3月期／EPS 150

EPSは1株益として『会社四季報』にも載っているよ!

用語解説

EPS

EPSとは「Earnings Per Share」の頭文字をとったもので、日本語では「1株当たりの利益」という。「Earnings」は「利益」、「Per Share」は「1株当たり」を意味する。

その企業が1年間に上げた利益（当期純利益）を、発行済株式総数で割って算出する。

そのため、EPSの推移を見れば、その企業が順調に成長しているかどうかがわかるとされている。

財務分析の最も基本的な指標なので覚えておきたい。

32

銘柄選び——短期トレード 流動性と値動き幅に注目

流動性がある株は売買しやすい

「トレード」向きの銘柄を探すには、とくに次の2点が重要です。

①流動性がある
②値動きの幅が大きい

①は売りたい人と買いたい人が多く、売買しやすいということです。具体的には「**売買代金が多い銘柄**」です。逆に「流動性がない銘柄」は、買い手も売り手も少ないので、希望の値段で売買できないことがあります。

オークションにたとえると、人気商品はすぐに売れますが、不人気なものはどんなに安くても売れないということです。

つまり、流動性のある銘柄とは、人気があって多くの人が売買している銘柄となります。「トレード」は短期間で何度も売買をするので、**売買しやすい銘柄を選ぶ必要があるのです。**

値動きの幅が大きいと利益を出しやすい

②の「値動きの幅が大きい」ことを、専門用語では「ボラティリティが大きい」といいます。

なぜ、これが大きいといいのでしょう？　たとえば1か月で1000円から1500円になった株と、1050円になった株の、どちらが稼げるイメージでしょうか。そう、500円上がったほうですよね。

銘柄探しには「売買代金ランキング」が便利です。これで流動性のある銘柄を絞り込み、その後、値動きのパターンや値幅が大きいかを見ます。ランキングは、証券会社のツールやサイトのほか、ヤフーファイナンスでも確認できます。

売買しやすくチャンスの多い株を狙う

※特典映像も参照

その1 売買代金（株価×出来高）の多い銘柄を選ぼう

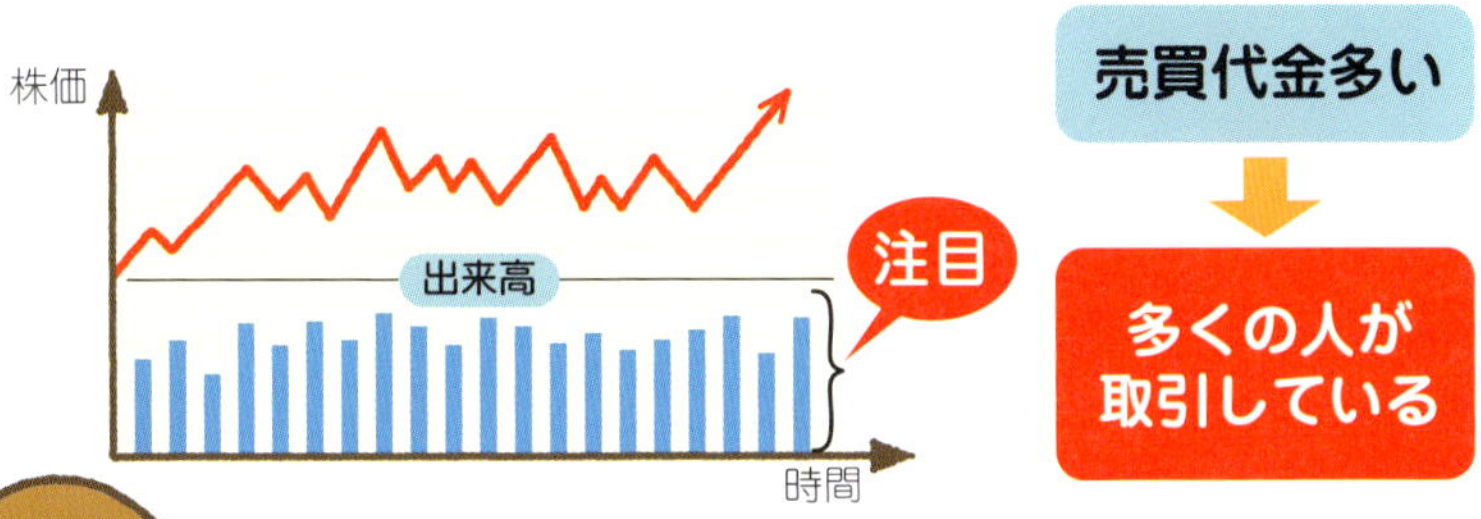

株価は人の心理で動くものなので、取引している人が多い銘柄は**値動きも読みやすい**

その2 値動き幅が大きい銘柄を探そう

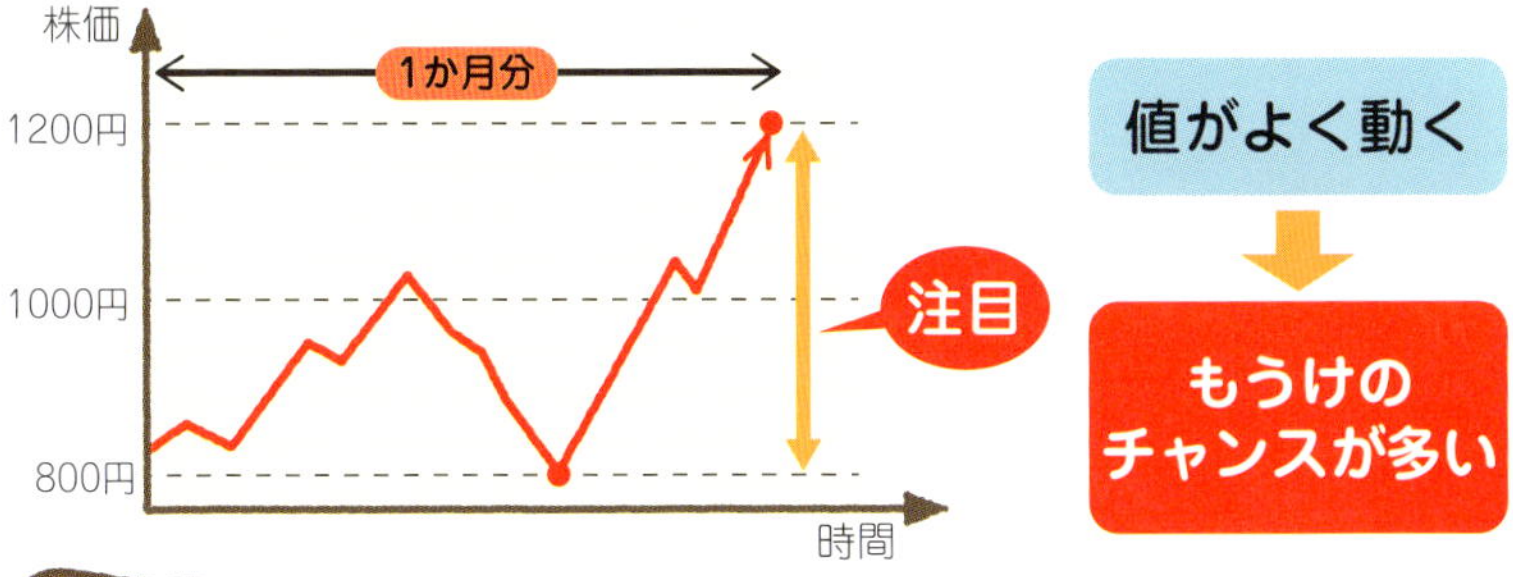

過去1か月程度のチャートを見て**15%以上値が上下していれば**トレードに向いている

※ただし、あまりにも値動きが激しい銘柄は要注意

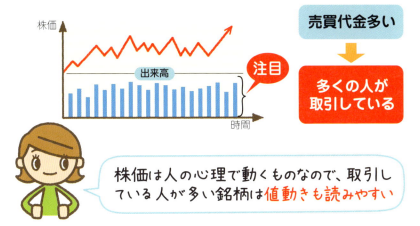

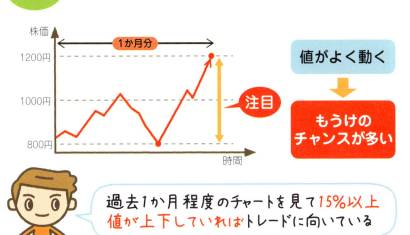

33

買うタイミング――長期投資①

割安株は資金と時期を分ける

投資

トレード

暴落時を狙うのは難しい

「投資」をするには「割安株」か「成長株」を探す必要があります。ここでは割安株を買うタイミングと注意点を解説します。

割安株が多く出るのは、リーマン・ショックのような○○ショックというぐらいの金融危機が起こったときや、先行きをみんなが悲観しているときです。**企業の実力に関係なく株は売られ、株価は下落することが多いので、割安株が増えます。**

ただこのような局面では、株価がどこまで下がるかを見極めるのが大変困難です。もう下がらないと思った数日後に、さらに半額になってしまうなんてこともあり得ます。そのため、**このような暴落時に投資するのは、経験の浅い投資家には難しいのです。**

よって初心者の場合、後で説明するような株に、期間を分散して買うのがおすすめです。

資金とタイミングを分散させて買う

では、どのようにして割安株を判断するのか。**目安の一つに「PBR（49ページ）が1倍以下」というものがあります。**0・7倍以下だとより安心といえます。ただし、これだけで判断してはいけません。あくまでも一つの目安として、このPBRという言葉を覚えておいてください。

おすすめの買い方は、一度にすべての資金を投入するのではなく、たとえばひと月に1回ずつ、半年に分けて買うなど、**資金も買うタイミングも分散させることです。**

そうすれば、一度に買うよりもリスクを分散できます。

割安株を探すポイント

※特典映像も参照

●「PBR」に注目してみる

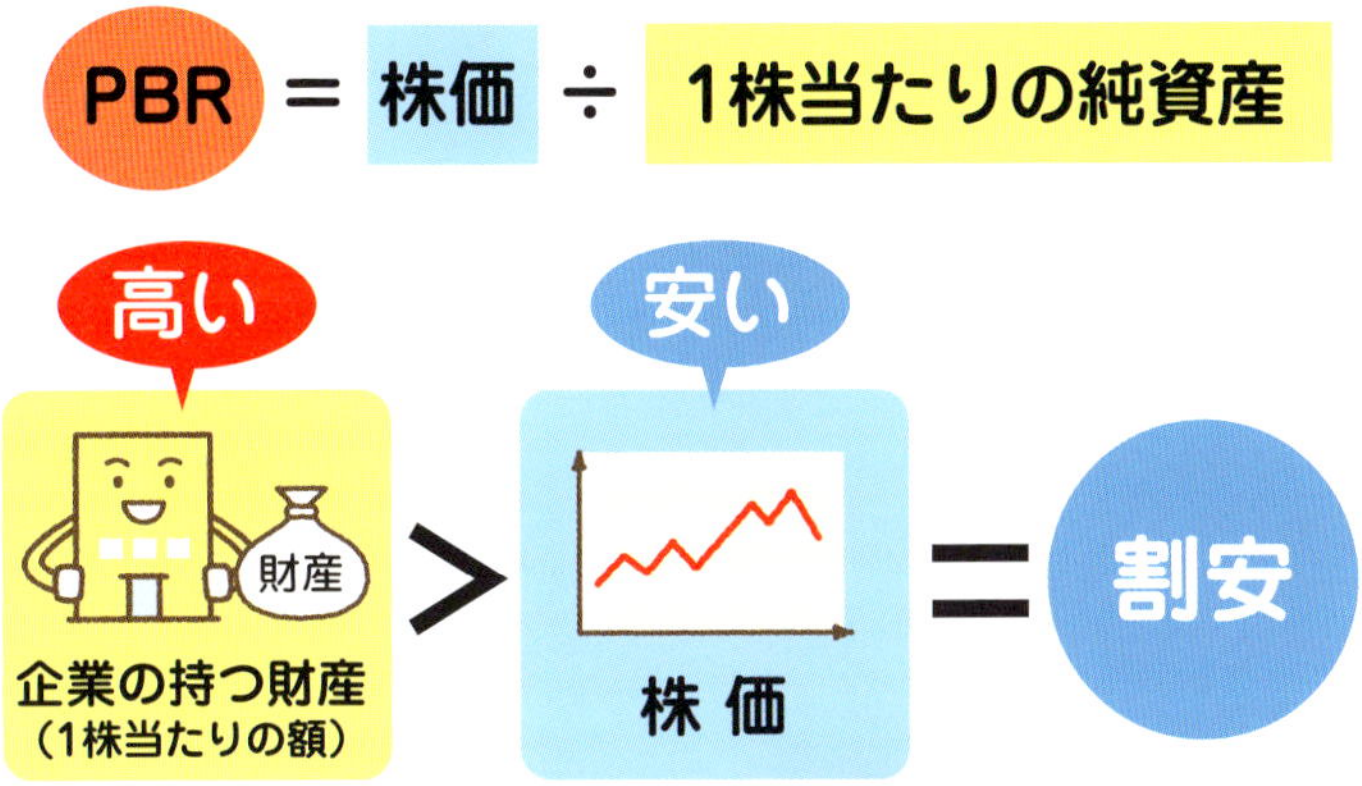

会社の財産（実力）以下で株価が評価されている

●資金もタイミングも分散して買ってみる

・**300万円で株価300円のとき、一度に買うと1万株になる**（300万円÷300円）

・**300万円で以下のように50万円ずつ6回に分けて買うと300株多く買える**
（1600株＋1800株＋2000株＋1800株＋1600株＋1500株）

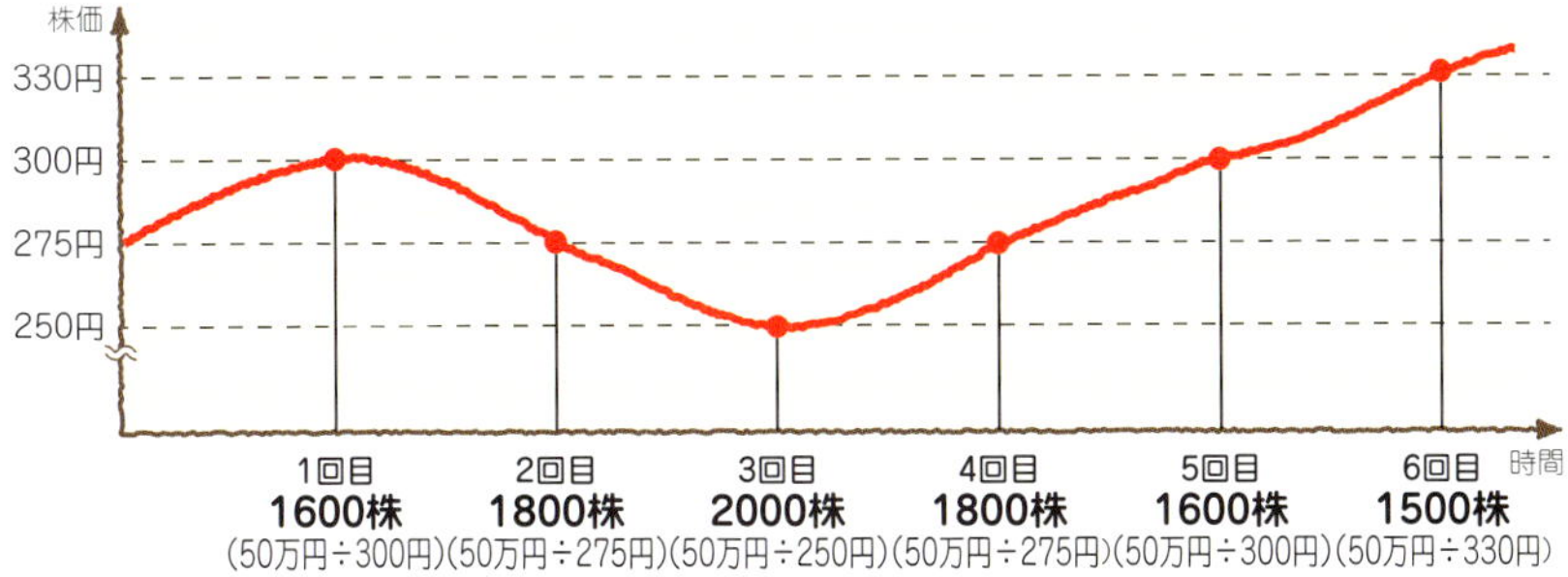

※株数は100株単位にそろえています。売買手数料等は入れていません

34

買うタイミング――長期投資②
成長株は四半期決算前を狙う

投資

トレード

3か月ごとにある四半期決算がチャンス

ここでは「成長株」に投資をするタイミングを解説します。

上場している会社は3か月に一度、決算発表する義務があります。これを四半期決算といいます。

成長企業はこの四半期決算ごとに、どんどんよい成果を出してきます。なので、いいなと思う銘柄があったら、**四半期決算の発表日を調べて、その前にできれば数回に分けて買っておくのがよいです。**

もう一つの買うタイミングに、たまたま決算の数字が悪く一時的に下落しているときがあります。ただしこの場合は、たまたま悪かっただけなのか、今後も継続的に悪くなる予兆なのか、きちんと判断しなければなりません。

PERが高すぎる銘柄は「織り込み済み」の可能性

投資の世界でよく聞く言葉に「織り込み済み」というのがあります。**これは成長する会社の株価が、その成長を見越して十分に高くなってしまっている状態です。**

どれくらい高くなると「織り込み済み」なのか。その目安になるのがPERという指標で、「倍」という単位で表します。

たとえば東証プライム市場銘柄で、通常は10～15倍程度でも、成長期待の高い銘柄だと40倍以上になることもあります。

PERが高いということは、株価がそれだけ割高ということ。期待どおりに業績が伸びなければ、暴落するリスクも高いのです。

よって、PERが40倍を超えたら、慎重になったほうがいいでしょう。ただし、PERはあくまで目安の一つと考えてください。

成長株を探すポイント

※特典映像も参照

●「PER」を基準にしてみる

PER ＝ 株価 ÷ 1株当たりの純利益

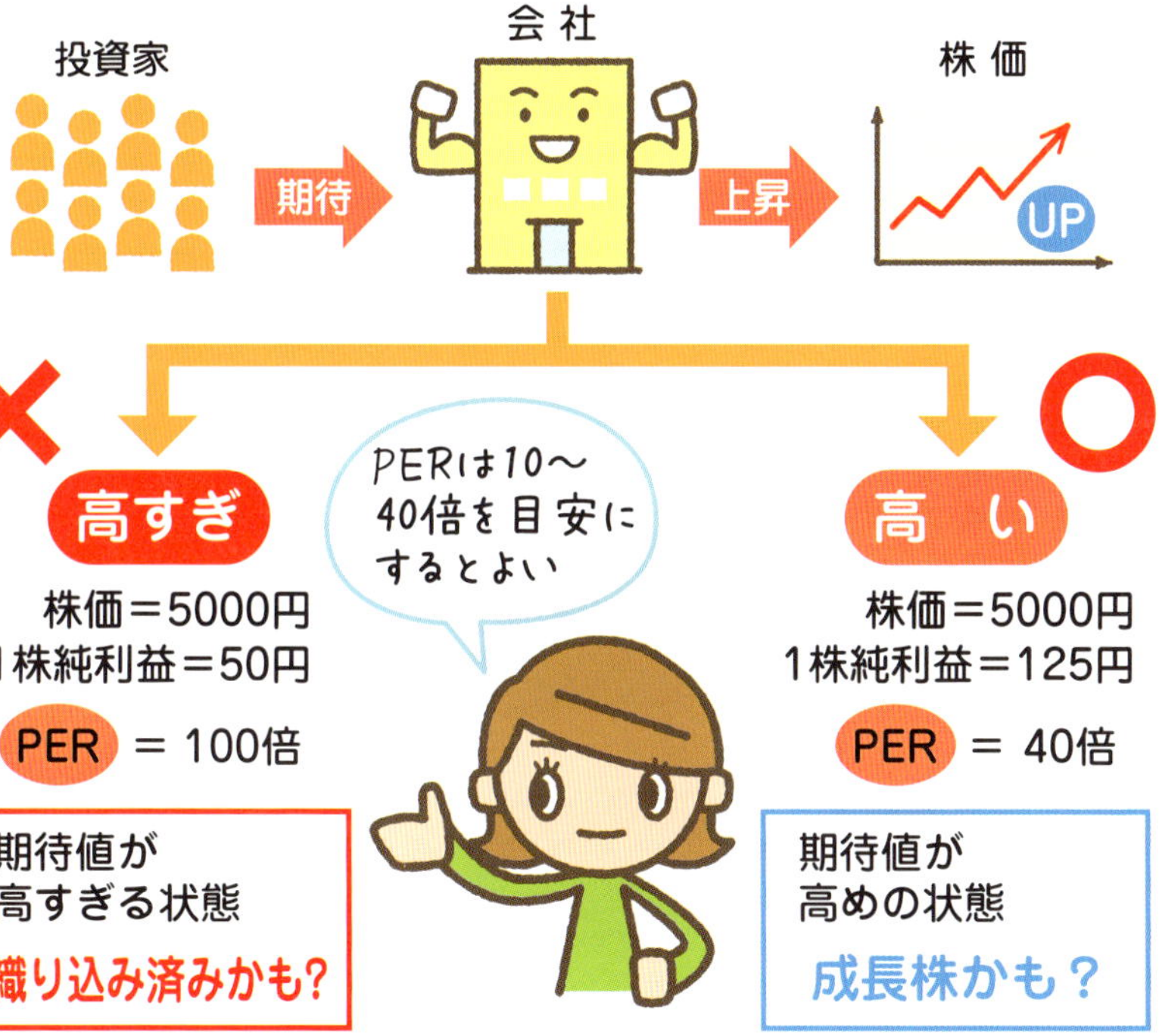

× 高すぎ	○ 高い
株価＝5000円	株価＝5000円
1株純利益＝50円	1株純利益＝125円
PER ＝ 100倍	PER ＝ 40倍
期待値が高すぎる状態 織り込み済みかも？	期待値が高めの状態 成長株かも？

用語解説

PER

「株価収益率」とも呼ばれる、株の割安度を測る代表的な指標の一つ。

「時価総額÷純利益」、もしくは「株価÷1株当たりの利益（EPS：87ページ参照）」で算出する。

たとえば株価が1000円で、1株当たり利益が100円という場合、PERは10倍となる。

成長期待の高い新興企業は、PERが50倍、100倍になることも多いのだが、40倍を超えるようなPERには注意が必要になってくる。

35

買うタイミング——短期トレード

売買代金急増時と節目を狙う

投資

トレード

売買代金急増のときは株価上昇の前ぶれ

「トレード」での買いのチャンスを見つけるのにおすすめの、シンプルな方法が二つあります。

①売買代金が急増した銘柄

②節目の株価を突破した銘柄

まず大前提として、「トレード」では数日~1か月以内に、株価が大きく動きそうな銘柄を選ぶ必要があります。だらだらと動きの鈍い銘柄では、買ってもあまり意味がありません。

売買代金が急増していたり、節目の株価を突破したりした銘柄であれば、近いうちに大きく動く可能性が高くなります。

たとえば、1日平均10億円程度だった売買代金が、急に5倍以上の50億円以上に増えていたら、注意深く監視してください。**この先、株価が大きく上昇する前兆の場合が多いからです。**

節目を突破すると株価は大きく動く

「節目」とは、株価が大きく動く境界線のようなものです。よく注目される節目は「年初来高値・安値」や「上場来高値・安値」です。ほかにも過去1年以内の間につけた高値や安値も、節目として意識されることがあります。

また、ある一定の値幅で株価が動いていることがよくありますが、その上限と下限の株価も節目と呼びます。

そして**この節目をひとたび超えると、一気に値上がり（あるいは値下がり）することがよくあります。**

そのため、節目を超えたときは「トレード」のチャンスとなるのです。

チャートの節目に注目してみよう！

※特典映像も参照

チャートの例

●ここも節目

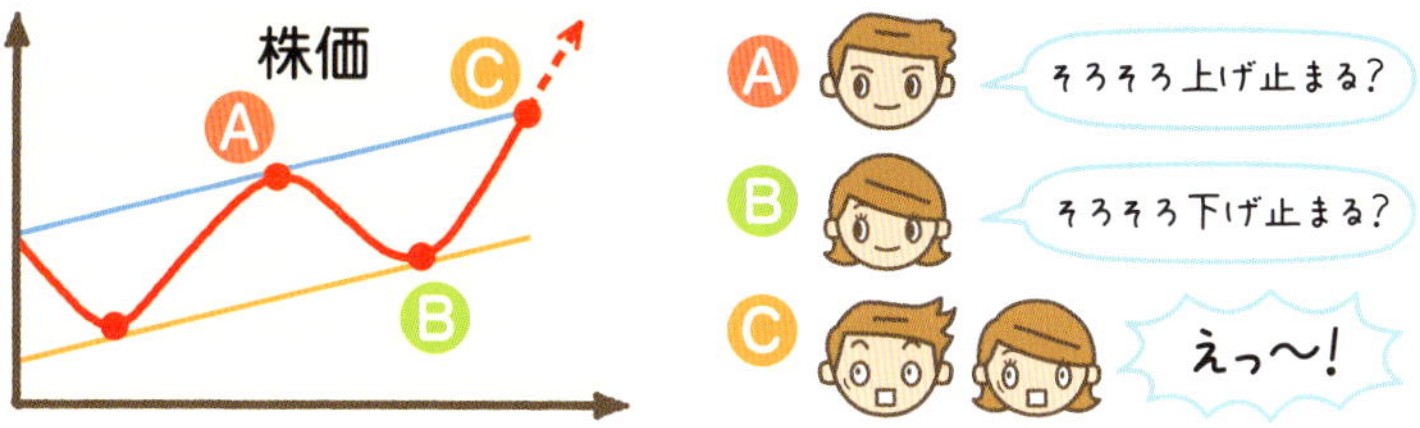

節目を超えると（“驚き”が生まれると）、株価は一気に動きやすい！

売買代金

用語解説

売買代金とは、その日に株式市場で売買が成立した金額のこと。「株価（正確には出来高加重平均株価）×出来高」で算出される。「出来高」は、売買が成立した株数のこと。

売買代金も出来高も、相場のエネルギーの強弱を見るのに役立つ指標。

売買代金の多い銘柄は、取引が活発に行われていて、注目を浴びている株ということができる。逆に売買代金が少ない株は、ほとんど取引されていない、注目されていない株ということになる。

36

売るタイミング――長期投資

割安感が薄れ成長が止まったとき

投資

トレード

適正な価格になったら売る

株は売りどきが難しいといわれます。たとえ利益が出ていても、もっと上がるかもしれないと思って売りどきを逃すのはよくあることです。

それでも、いつか売らなければ利益を確定できません。ではいつ売るのがよいのでしょうか。

「割安株」は買う前にあらかじめ、売りどきを決めておくようおすすめします。本来1000円が適正と考えているものが500円で買えたのであれば、1000円になったところ（＝割安とはいえない株価）が売りどきです。

「成長株」については、成長が止まったり、業績の伸びが鈍化したりしたら売りどきです。

値上がりに期待して買ったなら、割安感・成長力が薄れたと判断したところで一度売るべきです。

不慮の事態になったらすぐに売却

「トレード」の場合は売るタイミングが非常に重要です。毎日相場をチェックし、計画的に発注しなければなりません。それに比べて「投資」は、そこまで頻繁にチェックする必要ありません。

ただ「投資」であっても迅速に売らなければならないことがあります。**それは買った銘柄に関する悪いニュースが出たときです。**

そのニュースによって、想定していた割安感がなくなったり、成長に陰りが出たときや、粉飾決算などの不祥事により会社自体が存続の危機に陥ったときなどです。

そのため、株を買ったらある程度の経済ニュースは日々追いかける必要があります。

割安株・成長株の売るタイミング

割安株

買いまーす
株
売りまーす
株

1株500円のとき（PBR 0.6）購入
1株1000円のとき（PBR 1.2）売却

PBR 0.7倍以下が安心できる割安の目安。
1倍を超えたら割安感も薄れる

成長株

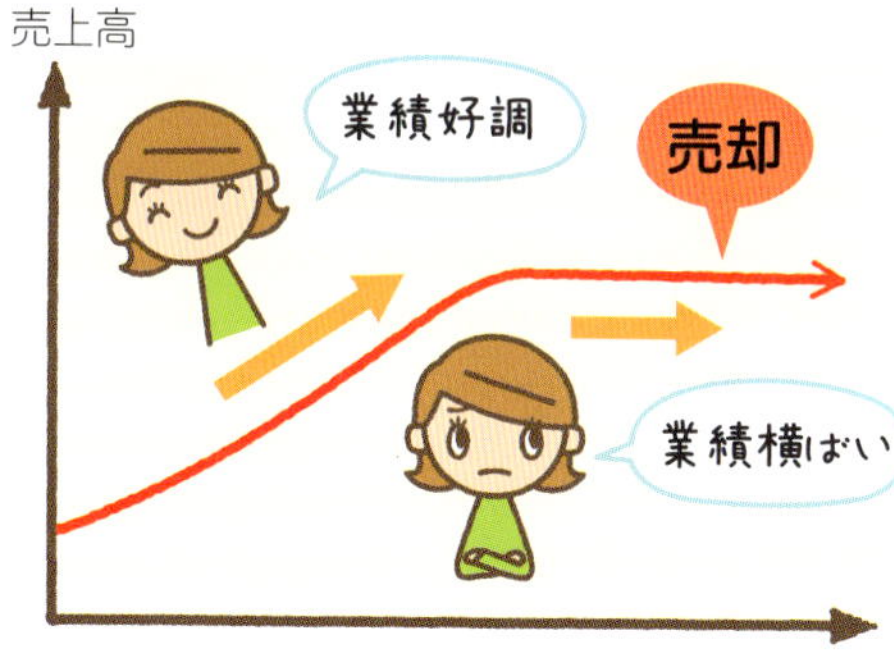
売上高
業績好調
売却
業績横ばい

業績が伸び悩んできたら売ってしまおう

こんなときはすぐ売る!!

不祥事発覚！
改ざん
粉飾決算
リコール
株価急落の恐れあり！
割安株だろうが成長株だろうがすぐに売ってしまおう

37

売るタイミング――短期トレード
基準を決めて機械的に売る

投資

トレード

利益が出たときは買値のプラス10％で売却

「トレード」では、ある程度の利益が出たら迅速に売却します。**たとえ少額でも利益を積み重ねていき、結果的に大きな利益が残るようにします。**最初のうちは「買った株価より10％値上がりしたら売る」などと決めておくといいでしょう。300円で買って330円になったら売るといった具合です。もし、売却をためらうほど急激に株価が上がったら、手持ちの半分をいったん売り、残りは保有し続ける方法もあります。

とくに初心者のうちは「もっともっと」と欲を出したあげく、株価が下落し、利益がなくなってしまうこともあります。なので、**あらかじめ「○％値上がりしたら売る」と決めておきましょう。**

早めのロスカットが勝ち続ける秘訣

株価が下がってしまったときは、「ロスカット」（100ページ）をする必要があります。おすすめは、**どれくらい下がったら売るかをあらかじめ決めておき、悩まず機械的に行うことです。**

ロスカットの基準は人それぞれです。参考までに私の基準を紹介すると「資金の2％を失わない（300万円の運用であれば6万円以上、損を許容しない）こと」としています。

株の世界では、プロでも10回から20回、連続して損することがあります。それでも「1回のトレードで資金を2％までしか減らさない」と決めて資金を守ります。

最初はロスカットに勇気がいりますが、一度やってしまえば、それが成功につながります。

トレードではルールが大事

●ルールのないケース

買い 500円×6000株＝300万円 ▶ 売り 400円×6000株＝240万円

トータル 60万円の損

注意 さらに時間も
失ってしまっている

●ルールのあるケース

ルール 資金 300万円 利益確定 ＋10% ロスカット －2%

買い1 500円×6000株＝300万円 ▶ 売り1 550円×6000株＝330万円

買い2 700円×4000株＝280万円 ▶ 売り2 686円×4000株＝274万円4000円

5万6000円の
損失

トータル 24万4000円の儲け

※資金300万円のときの
損失は6万円（2%）以下

38

売るタイミング――長期投資・短期トレード
ロスカットはどんどんすべし

投資
トレード

ロスカットは良いこと悪いことではない

思惑と違う方向に動いた株を手放すことを、ロスカット（損切り）といいます。

上がると思って買った株が思惑と違って下がってしまったときに、決済して現金化することで、新たなチャンスに資金を投入することができるのです。

投資用に買った株が、不祥事などで暴落するかもしれません。トレードで買った株が想定と違う値動きをして、損失が発生するなんてことは日常茶飯事です。

そんなとき、**すでに出ている損失をこれ以上大きくしないよう、資金を次の銘柄で勝つチャンスに投下できるよう、その株を売って資金を作る必要があります。**

そのまま持っていれば、いずれ値上がりするかもしれない、という思いも働くでしょう。ですが、ほとんどの場合、そのまま下がり続けてしまい、売るに売れない状態になってしまいます。そんな状態を「塩漬け」（41ページ）と呼びます。

この塩漬けを防ぐのにロスカットをすることは、とても大切です。

「塩漬け」は資金効率を大幅に悪化させる

もし株価が戻ったとしても、それが5年後だったら、その間、資金は寝ていたことになります。もし塩漬けになる前にロスカットして、その資金を次の運用にあてていたら、利益が出たかもしれません。

資金を効率よく使うには、ロスカットは必須です。**どんなに優秀な人でも必ず間違えます。でも、優秀な人ほど素早く間違いを認めてロスカットするので、結果的に正しい方向に進むのです。**

ロスカットと利益確定を決めておく

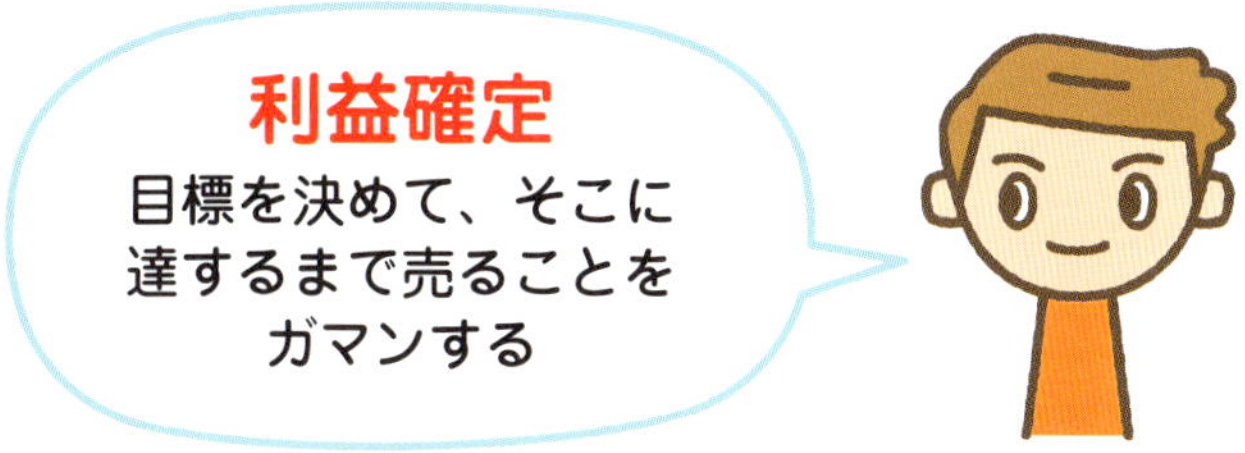
利益確定
目標を決めて、そこに
達するまで売ることを
ガマンする

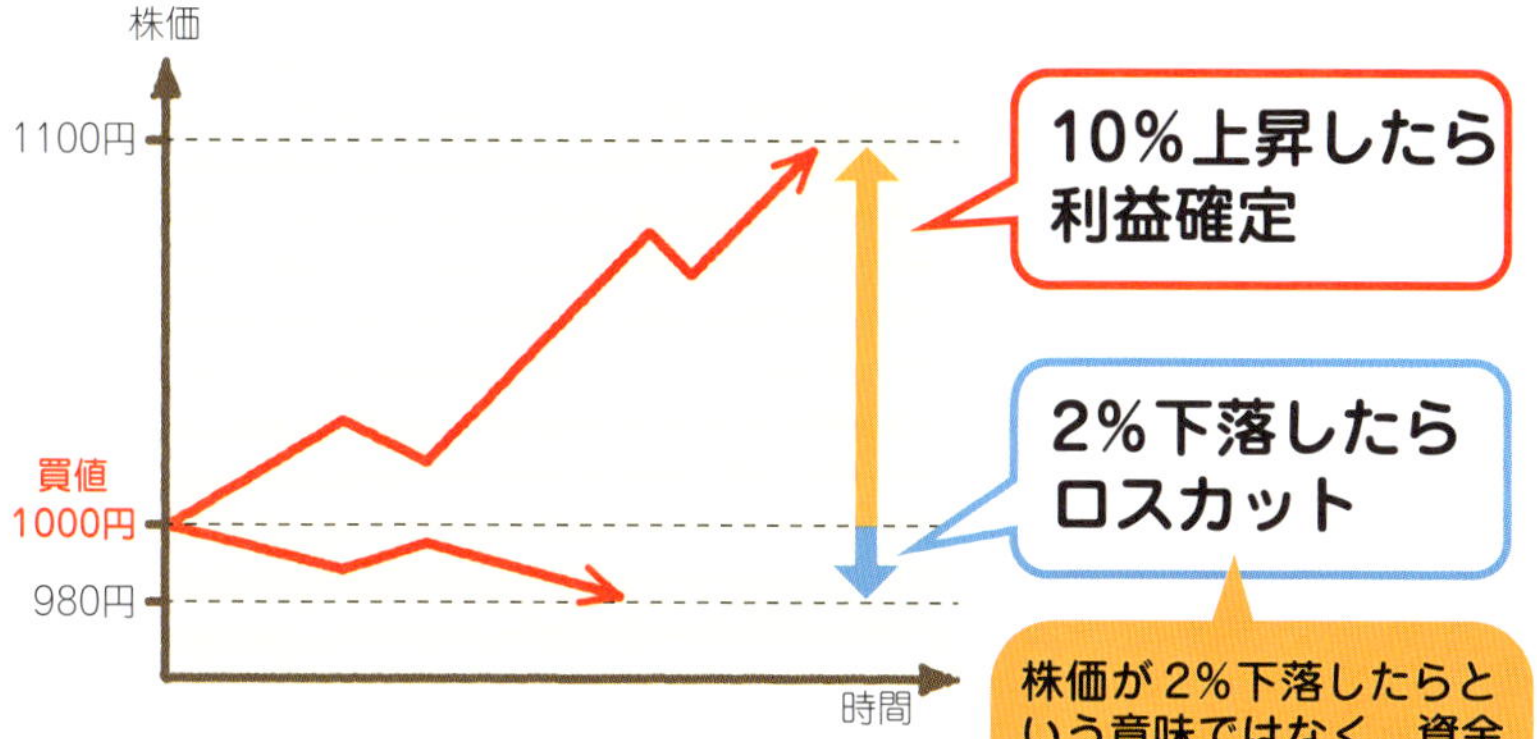
株価
1100円
買値
1000円
980円
時間
10%上昇したら
利益確定
2%下落したら
ロスカット

※空売りのときは、株価が10%下落で利益確定、損失は資金の2%以下におさめる

株価が2%下落したらという意味ではなく、資金を2%以上失わないということ。
これを前提に前日の安値などをロスカットに設定する

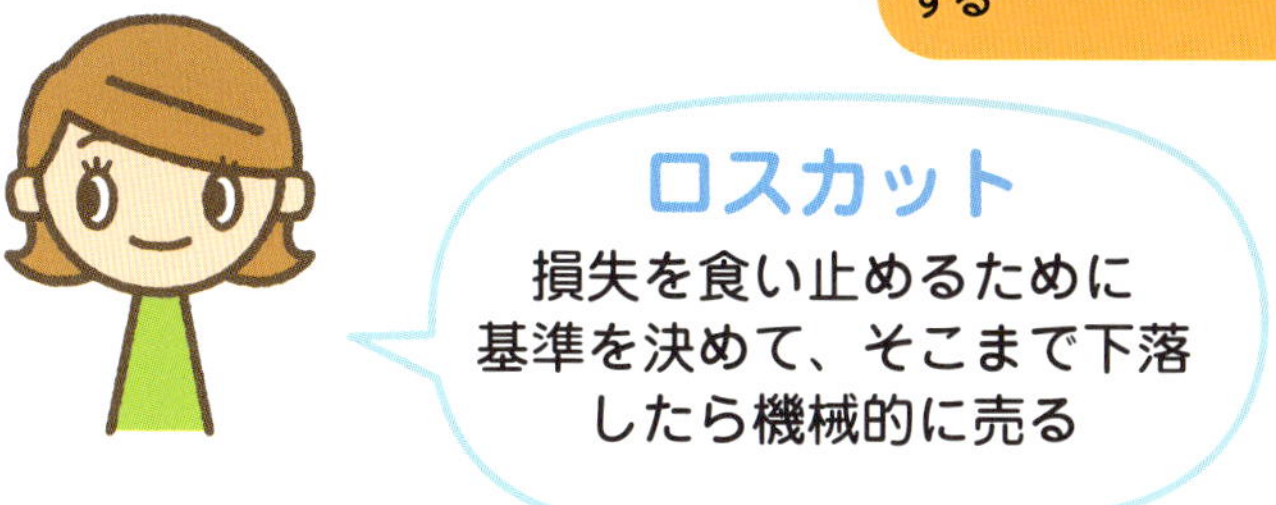
ロスカット
損失を食い止めるために
基準を決めて、そこまで下落
したら機械的に売る

資金の2%とは……

300万円（資金）のとき、1回で6万円失わないこと

- 100万円分の買い⇒株価6%下落で－6万円となり、ロスカット
- 200万円分の買い⇒株価3%下落で－6万円となり、ロスカット
- 300万円分の買い⇒株価2%下落で－6万円となり、ロスカット

39

リスク管理の考え方
長期投資と短期トレードの鉄則

投資

トレード

「長期投資」の場合 分散投資を心がけよう

「卵を一つの籠《かご》に盛るな」という相場格言があります。たとえ投資先が1社つぶれてしまっても、ほかでカバーできるよう、きちんと分散しなさいということです。

分散には「時間分散」と「銘柄分散」があります。

時間分散の一つがドル・コスト平均法と呼ばれる買い方です。決めた銘柄を**毎月決めた日に同じ額だけ買っていきます。**株価が高いときは少ししか買えず、安いときは多めに買えるため、高すぎる価格で買いすぎてしまうことを防げます。

銘柄分散とは、**たとえば輸入関連の企業と輸出関連の企業に分散して買う方法です。**これによって、大幅な円高や円安になっても、資金が減るリスクを減らせます。

「短期トレード」の場合 全資金をつぎ込まない

ほとんどの初心者が犯すリスク管理のミス……それは、手持ち資金をすべてつぎ込んでしまうことです。

たとえば資金が３００万円あったとします。1株３００円の株なら1万株買えます。細かい計算は割愛しますが、実際に買っていい株数は多くても50万〜60万円分の１６００〜２０００株となります。少ないと思うかもしれませんが、たとえこの株が値下がりしても、これくらいの額だったら冷静にロスカットしたり、ほかの銘柄を同時にトレードしたりできるのです。

初めは、少なすぎるかな？と思うくらいの株数でトレードするのが、資金管理の極意です。

長期投資のカギは「分散」

Point 1 銘柄を分散させよう

外需・内需・成長業界などに
分散投資してリスクを下げる

Point 2 タイミングを分散させよう

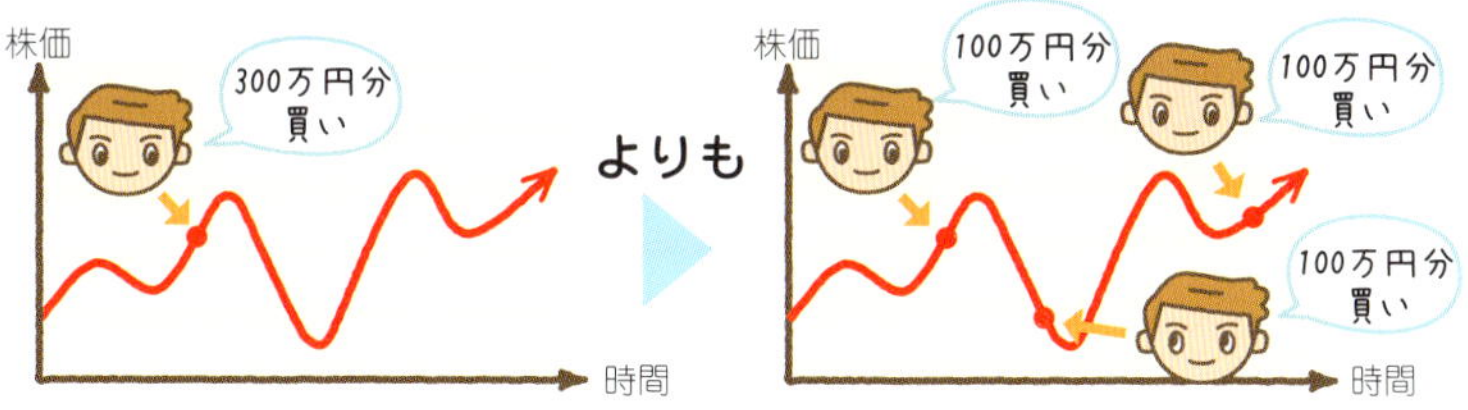

タイミングをずらせば
一度に大損することを防げる（91ページも参照）

ドル・コスト平均法

用語解説

同じ銘柄を一定額ずつ、定期的に購入していく方法。

ドル・コスト平均法では、毎回の購入額は一定なので、対象の株が値上がりしているときは少ない株数を、値下がりしているときは多い株数を購入することになる。

長い目で見ると、平均買付単価を引き下げる効果が期待できる。

名称に「ドル」とついているが、英語の金融用語をそのまま訳したためで、たとえ「円」で買ってもドル・コスト平均法という。

Q. 株で負けて借金を負うことはありますか。「家まで取られた」なんて話を聞いたこともあり、心配です

Answer

現物取引で「買い」だけを行っているかぎり、借金を負うことはありません。株式会社の株主は「有限責任」といって、買った金額以上の負債を抱えることはないからです。

ただ株には現物取引のほかに「信用取引」があります。現物取引の場合、たとえば証券口座に 30 万円あり、ある会社の株を 30 万円分買って、その会社が倒産して株の価値がゼロになっても、損失は（最大で）30 万円です。

一方、信用取引では手持ちの資金を担保にその 3 倍の金額まで取引できます。口座に 30 万円あれば 90 万円分の取引ができるのです。もし 90 万円分の株を信用取引で買って、株価がゼロになったら損失は 90 万円です。手持ちの 30 万円を差し引いて 60 万円の借金が残ります。

ただし、実際には損失が 30 万円に近づくと、証券会社が強制決済を行うなど、元本以上の損失を被らないセーフティーネットがあります。とはいえ、1 日のなかで急激な株価の変動があった場合、強制決済が間に合わずに借金が発生する恐れはあります。

本書では、信用取引を行う場合は必ずロスカットをするよう述べています。借金が残るようなことは、よほど変なことをしないかぎりないのですが、そんな事態を回避するのに役立つ注文方法もあります。これについては、特典映像「④勝つための具体的な注文方法」を参考にしてください。

まとめると、以下の 2 点をしっかり守れば借金を負うことはありません。

1. たとえ信用取引でも、口座に入れている以上の金額で取引しない（上記の例でいえば 30 万円分の取引しかしない）
2. とくに空売りは、しっかりロスカットできるようになってから行う

PART 5

明日から利益を上げる9つのコツ

投資
トレード

40 短期間で利益を上げるならトレードがおすすめ

トレードから始めれば投資ができるようになる

ここまで読んで「投資」と「トレード」のどちらが自分にあっているか、イメージはわいてきましたか？　どちらを選んでも、効率的に目的が達せられればよいのですが、まだ迷っている方もいるでしょう。そこで私自身どうしてきたか、という話をするので参考にしてください。

私には当初、「少ないお金を短期間で大きく増やして選択肢の多い人生を送る」という目標がありました。今ならここでトレードを選ぶべきだとわかるのですが、当時は投資とトレードが違うということを知らなかったので、うまくいきませんでした。

その後、試行錯誤して成果が出始めたのですが、そのときやっていたのがトレードだったのです。

トレードなら短期間で資金を増やせる

もう一度ゼロからやり直して200万円を10年以内に10倍以上に増やすというのであれば、私は最初から「トレード」を選びます。

より早く上達できるのもトレードの利点です。トレードには日々、さまざまな利益のチャンスがあるので、必然的に相場と向き合うことが多くなります。投資よりもリスクが少なく、早い段階で実践を積み重ねられるので、スキルアップのスピードも速いといえます。

- **少額からできて、短期間でお金を大きく増やせる**
- **株取引の上達が速い**

こうしたメリットに魅力を感じたなら、まずはトレードを学んでみてはいかがでしょうか。

トレードから投資という選択肢もある

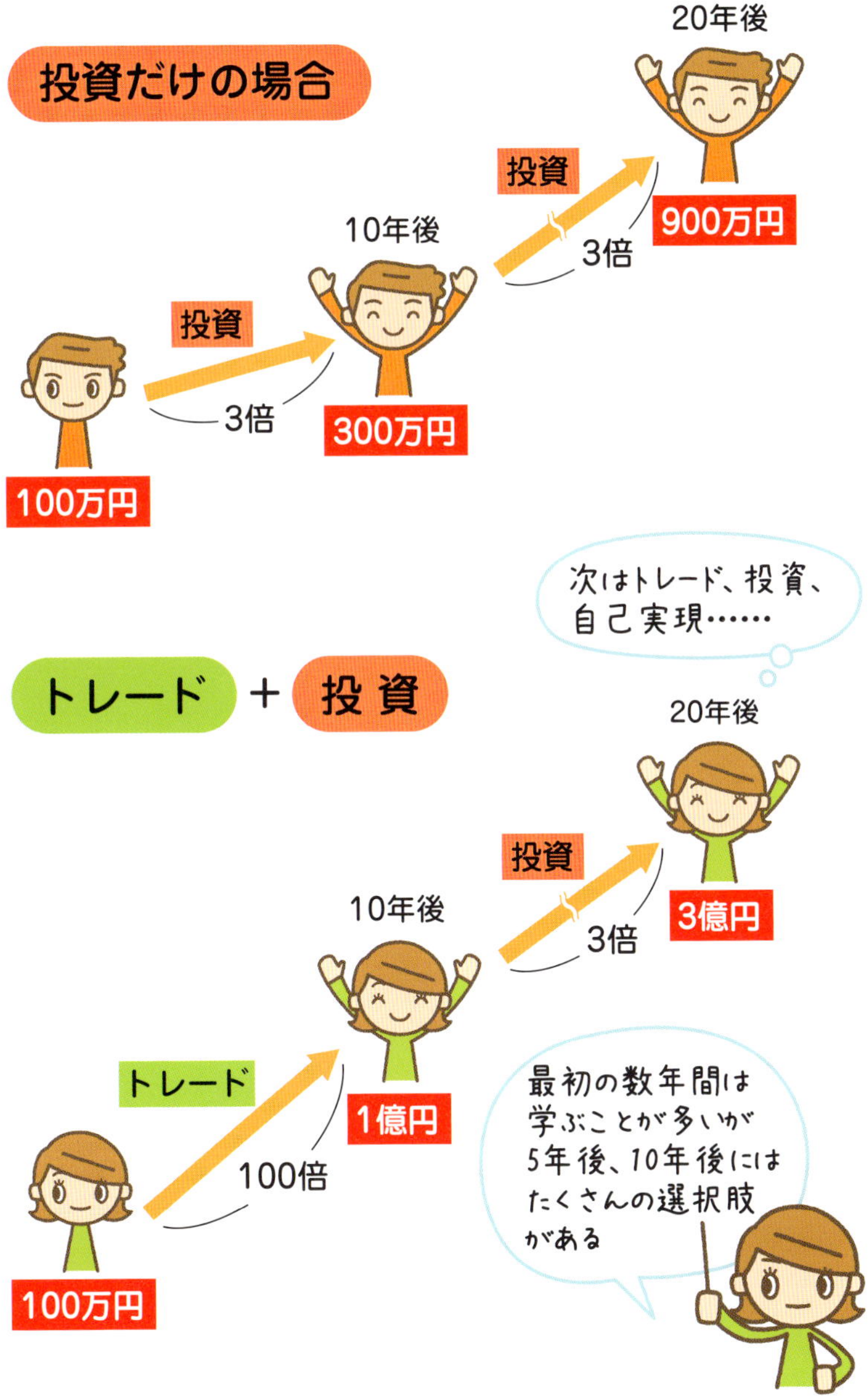

41 トレードの基本 「ローソク足」から動きを知る

チャートの基礎になる「ローソク足」

株のチャートで最もよく使われるのがローソク足チャートです。

ローソク足は色や形、長さによって、1日や1週間など、**一定期間の株価の動きを表します。**このローソク足が連続して表示されて「チャート」になります。

ローソク足は1日ごとなら「日《ひ》足《あし》」、1週間ごとなら「週足《しゅうあし》」と呼びます。ほかに「分足《ふんあし》」や「月《つき》足《あし》」もあります。

ここでは基本の「日足チャート」について説明します。

まずローソクの色が赤、もしくは白のときは、「始値《はじまりね》」（その日の取引が開始されたときの株価）よりも「終値《おわりね》」（その日の取引が終了したときの株価）が高かったことを表します。逆にローソクの色が青、もしくは黒のときは、始値よりも終値が安い状況です。

赤いローソク足を「陽線」、青いローソク足を「陰線」といいます。

「ヒゲ」は高値と安値を表す

ローソク足の胴体から上下に伸びた線を「ヒゲ」と呼びます。上に伸びているのが「上ヒゲ」、下に伸びているのが「下ヒゲ」です。

上ヒゲは、その日のなかで株価がどこまで上がったかを示します。上ヒゲの頂点がその日でいちばん高い株価である「高値」を表します。下ヒゲは逆に、その日につけた「安値」を表します。

始値と終値が同じ価格の場合、ローソクの本体がなく、ヒゲだけ伸びて十字型になっていることがあります。この状態を「十字線」と呼びます。

チャートの基本「ローソク足」

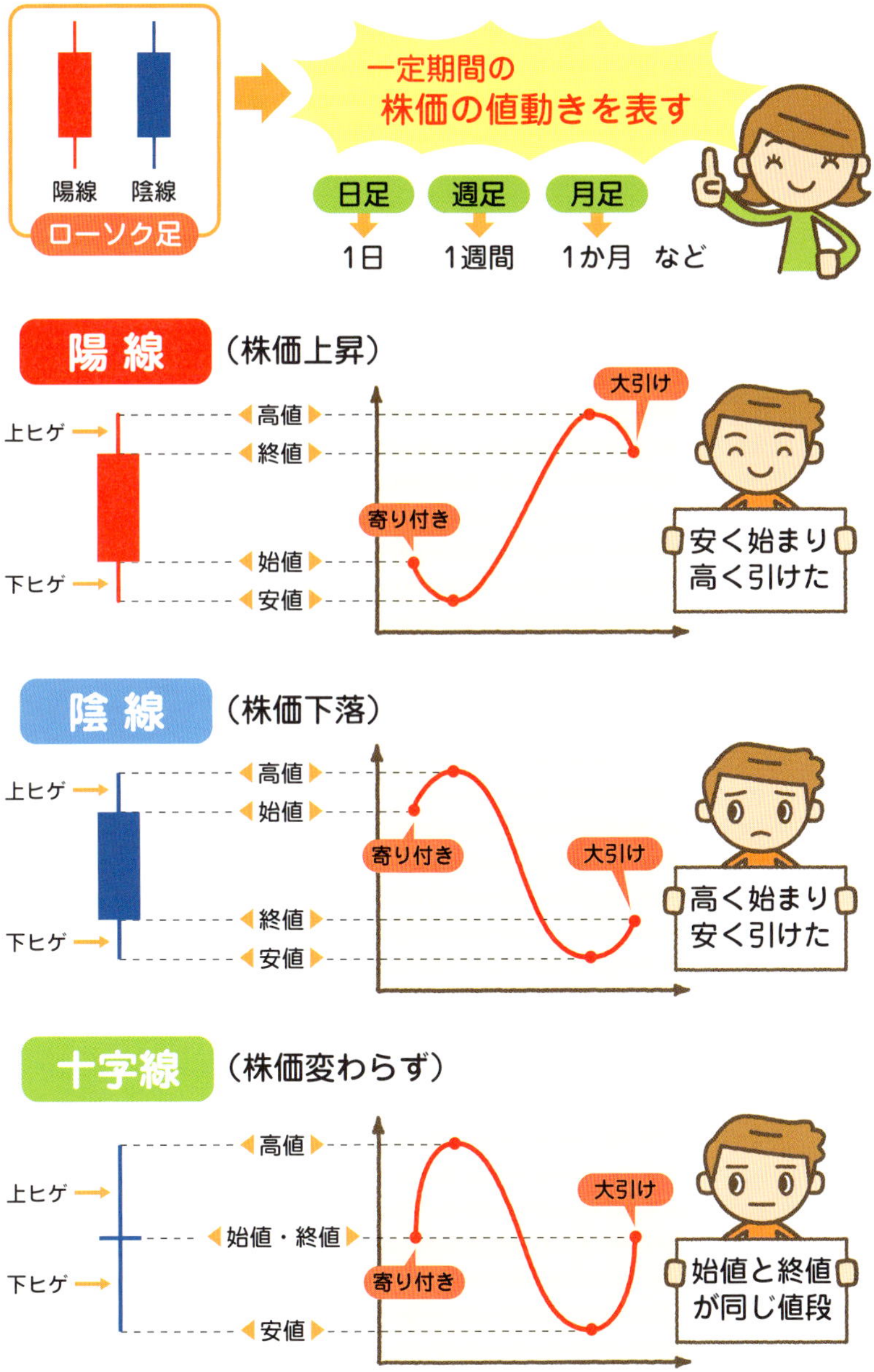

42

トレードの基本 節目と反転を見極める

上昇トレンドは「買い」 下降トレンドは「空売り」

日足チャートが右肩上がりなら、株価が上昇していることを表します。**この状態を「上昇トレンド」といい、「買い」で利益を上げやすいといえます。**

このとき、ローソク足の陽線の長さや何本連続しているかなどを見て、買いの勢いがどれほど強いかを見極めます。

逆に、**日足チャートが右肩下がりのことを「下降トレンド」といい、「空売り」（78ページ）で利益を上げやすいといえます。**陰線の長さや数から、売りの勢いを見極めます。

ローソク足から反転のヒントを見つける

ローソク足の胴体やヒゲの長さも売買の判断材料になります。主なローソク足の形と、意味するところは112ページにあります。

チャートを見るときのコツは、まず全体を見ます。上昇トレンドか下降トレンドか、それとも横ばいか。全体を見て、この先どうなるかをイメージしていくのですが、その際にも「ローソク足」を見ていきます。

たとえば上昇トレンド中に、上ヒゲの長いローソク足が出現したとします。そんなときは「そろそろ株価が反転して下落するかも……」と考えられます。

上昇から下降に反転するポイント、下降から上昇に反転するポイント……これらはローソク足からヒントを得られます。**これらを見極められるだけでも、大きな利益を得られます。**ローソク足は株価の節目・反転を判断する要素になり得るのです。

チャートとローソク足でタイミングをはかる

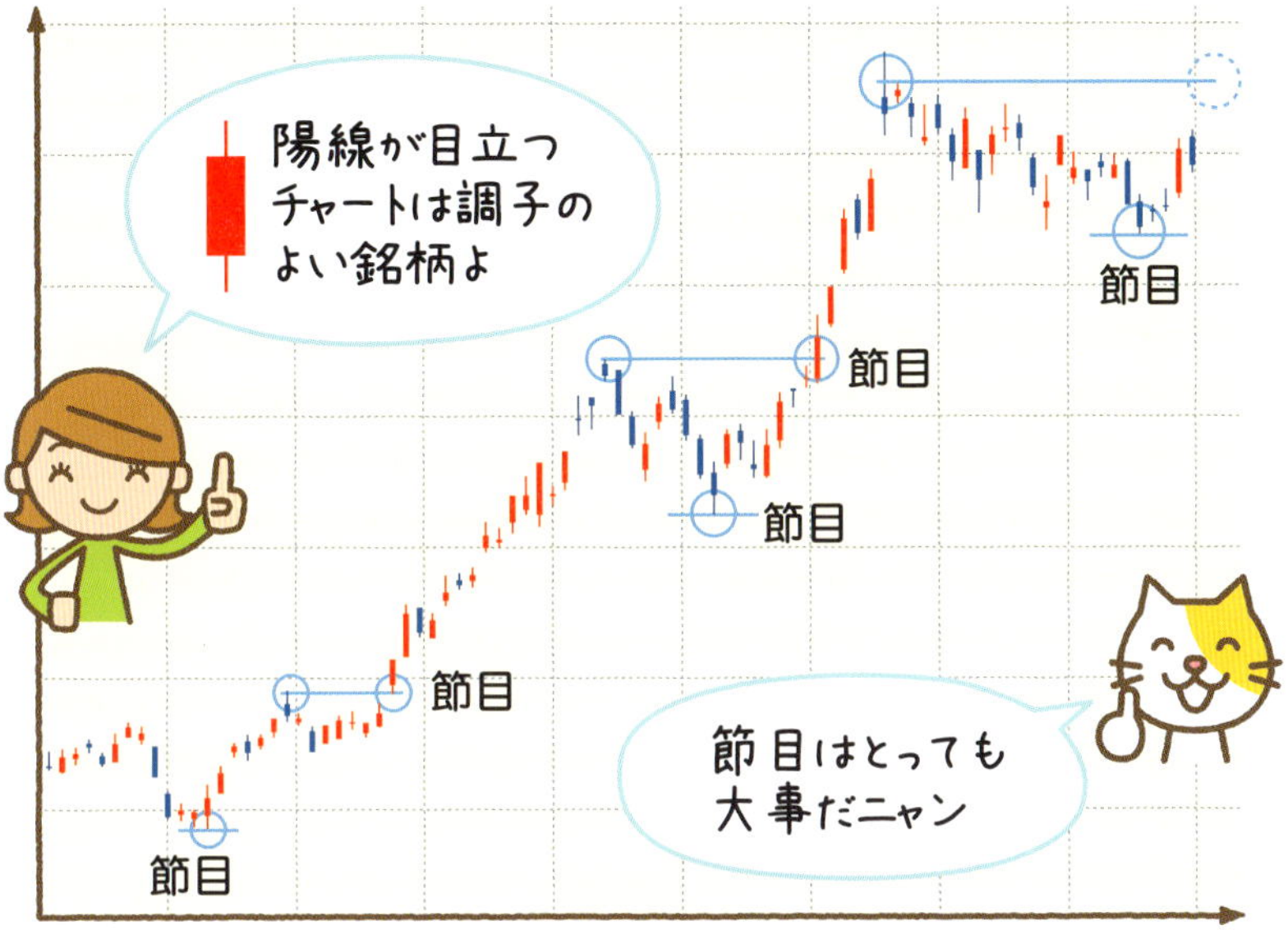

株価が反転しやすいシグナル

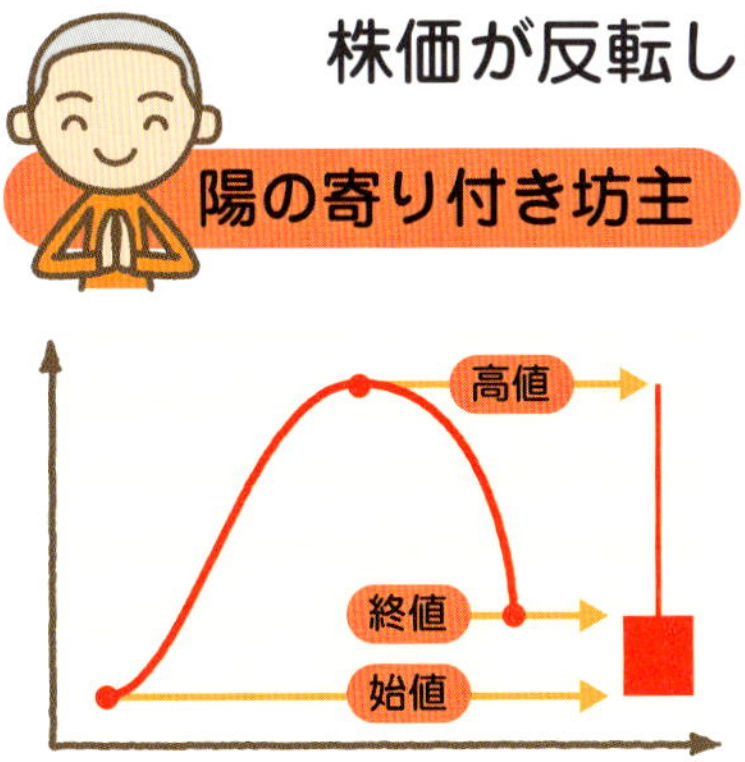

取引開始（寄り付き）後に大きく上昇するが、失速して大きく下がってしまう

明日は下がりやすい

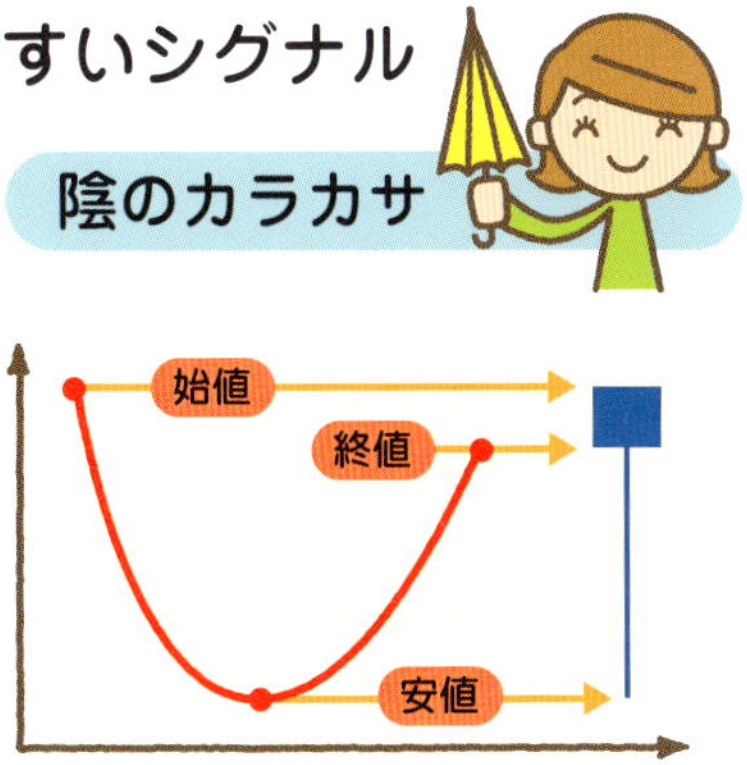

取引開始（寄り付き）後に大きく下がるも、終値が持ち直す

明日は上がりやすい

反転のヒントにもなるローソク足

陽線の場合

始値から一貫して上昇し、最高値で終わっている。
買いの勢力がとても強いパターン。

いったん下落するものの盛り返して高値で終わっている。
下がっている最中に出現すると、反転の兆しとも考えられる。

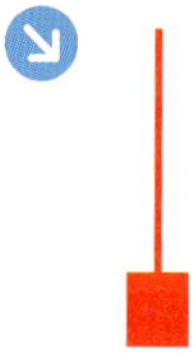

買いの勢いが強かったのだが、最後は下落して終わってしまっている。
上昇中に出現すると反落の兆しとも考えられる。

買いが優勢で、相場の転換を暗示する。
とくに下落中に出現するとそこから反転の兆しと考えられる。このとき、大きな出来高があるとなおよい。

陰線の場合

始値から一貫して下落し、最安値で終わっている。
売りの勢力がとても強いパターン。

寄り付きから大きく下落した後、いったん反発するものの戻しきれずに終わっている。
下げの勢いが強いが、反発する様子も見えることから、**下落中に出現すると反転の兆しありとも考えられる。**

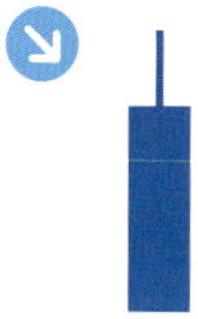

寄り付きから反発しようと試みるが結局は安値で終わっている。
売りの勢いが強く、**上昇中に出現すると反落の兆しとも考えられる。**

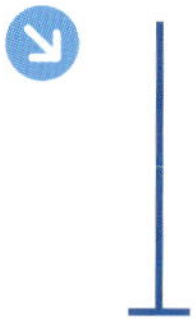

売りが優勢で相場の転換を暗示する。
とくに上昇中に出現すると、そこから反落の兆しと考えられる。

反転のヒントになるローソク足の組み合わせ

底値圏からの反転を示唆

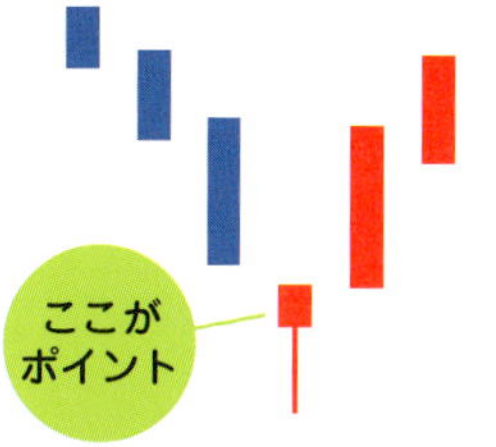

下落が続く中で大きく下落したものの、切り返して長い下ヒゲが出現。この日に大きな出来高があると、悪材料が出つくした可能性があり、翌日以降反転することが多い。
セリングクライマックス（セリクラ）と呼ばれることもある。

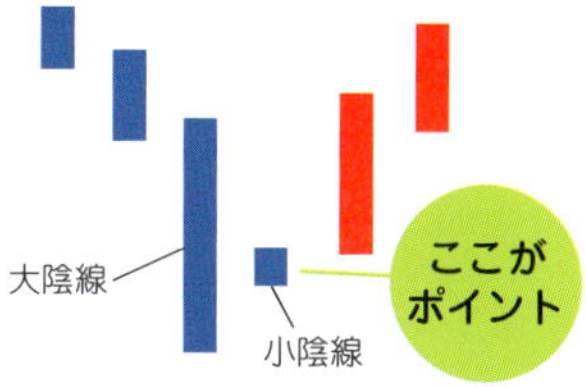

下落が続き、大陰線が出現し一方的に売りが強いと思われていたが、**翌日は陰線ではあるが安値を更新していない。**売りが一巡し、反発しやすい状態。
大陰線が小陰線を包み込んだ状態から、はらみ線と呼ばれる。

高値圏からの反転を示唆

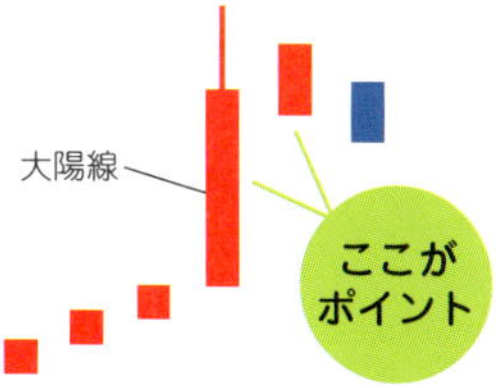

上昇が続く中で大陽線が出現するものの、長い上ヒゲがでて、**翌日も高値を更新できずに下落に転じている。**行き詰まり線ともいわれ、失望感を表している。

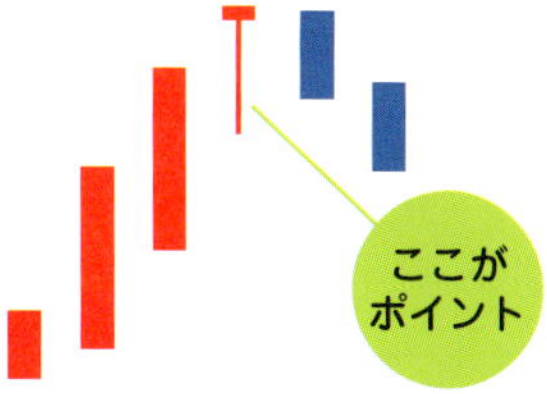

4本目のローソク足は、上昇が続く中で期待が集まり高く寄り付いたが大きく下落してしまい、**最後はなんとか高値で終わっている。**ここでいったんは安心したものの、翌日以降、陰線が続き下落。
失望感が広がりつつあり、いったん崩れると大きく下落してしまうことも。
ローソク足の形状から「首吊《つ》り線」と呼ばれることもある。

43

トレンドラインでチャンスをつかむ 強気の「下値支持線」

投資

トレード

売買している人たちが強気か弱気かわかる

連続するローソク足を観察すると、売買する人たちの恐怖や高揚といった、心理的に意識されているラインが浮かび上がってきます。これが「**トレンドライン**」や節目と呼ばれるもので、売買する人たちの群衆心理を表します。

このトレンドラインには2種類あります。一つは株価が上昇しているときに現れる「**下値支持線**」。もう一つは下落しているときに現れる「**上値抵抗線**」です。

上昇しているライン「下値支持線」

「下値支持線」はローソク足の主な安値同士を結ぶ直線です。

主な安値とは、5本のローソク足をセットにしたときの最も低い場所、つまりいちばん安い価格となります。すべての安値を結ぶ必要はなく、最低2か所を結ぶだけで下値支持線を引くことができます。

ですが、これが3か所、4か所と増えていくと「次もこのラインの延長線上が意識されるに違いない」と考える人が増えてくるので、その下値支持線がより強固なものになっていきます。

下値支持線の間違った引き方

いざ、トレンドラインを引いてみようとしても、なかなかうまくできない人が多いです。そのなかでもよくある間違いが、株価が上昇中なのに、高値同士を結んでしまうことです。

下値支持線を引くときは、株価も下値支持線も右肩上がりになるということを覚えておいてください。

上昇チャートで引ける下値支持線

チャートその1

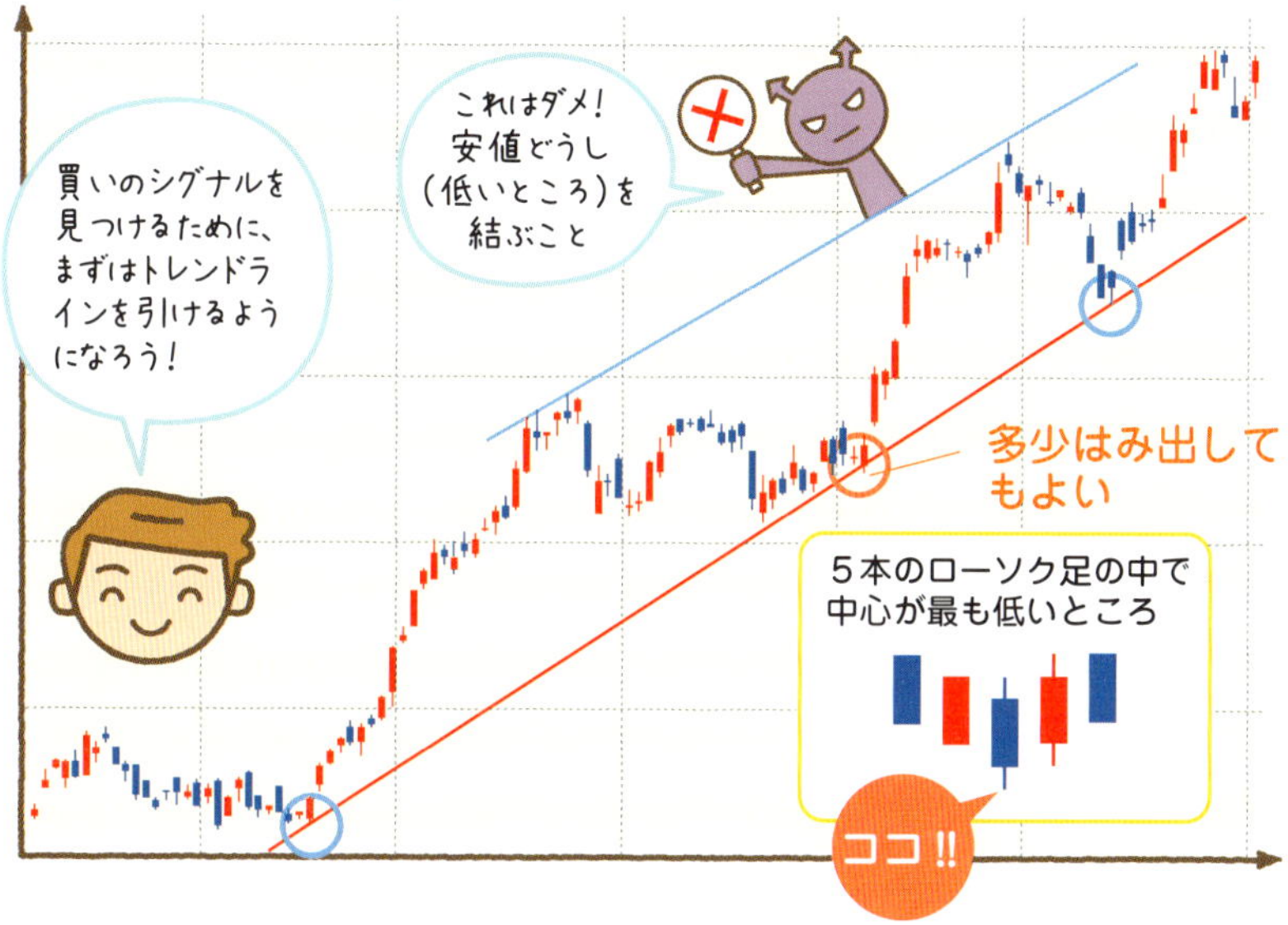

チャートその2

44

トレンドラインでチャンスをつかむ 弱気の「上値抵抗線」

投資

トレード

下落しているライン「上値抵抗線」

「上値抵抗線」はローソク足の主な高値同士を結ぶ直線です。主な高値とは5本のローソク足をセットにしたときの最も高い場所、つまりいちばん高い価格となります。

すべての高値を結ぶ必要はなく、最低2か所を結べば引けます。また下値支持線と同じく、主な高値が3か所、4か所と増えていくことで、よりその上値抵抗線が強固なものになっていきます。

実際にトレンドラインを引いてみよう！

実際のチャートにトレンドラインを引こうとすると、手が止まってしまう人がほとんどです。正確に引かなきゃいけないと考えて止まってしまうのですが、**大事なのは間違えてもいいので、とにかく手を動かして、たくさんのチャートにトレンドラインを引いてみることです。**

なお、トレンドライン（上値抵抗線・下値支持線）を引く際に注意すべきポイントは、二つあります。

一つは、**一つのチャートに何本引いてもかまわない**ということです。正解は一つではありません。1日経つごとに引き直してもいいのです。

もう一つは、**はみ出しても気にしないこと。**直線を引くとどうしても多少はみ出してしまうところが出てきますが、それを気にせずどんどん引いてみることです。

おすすめは紙にチャートを印刷して、鉛筆と定規を使って引いてみること。実際に手を動かすことで身体に覚え込ませられます。

下落チャートで引ける上値抵抗線

チャートその 1

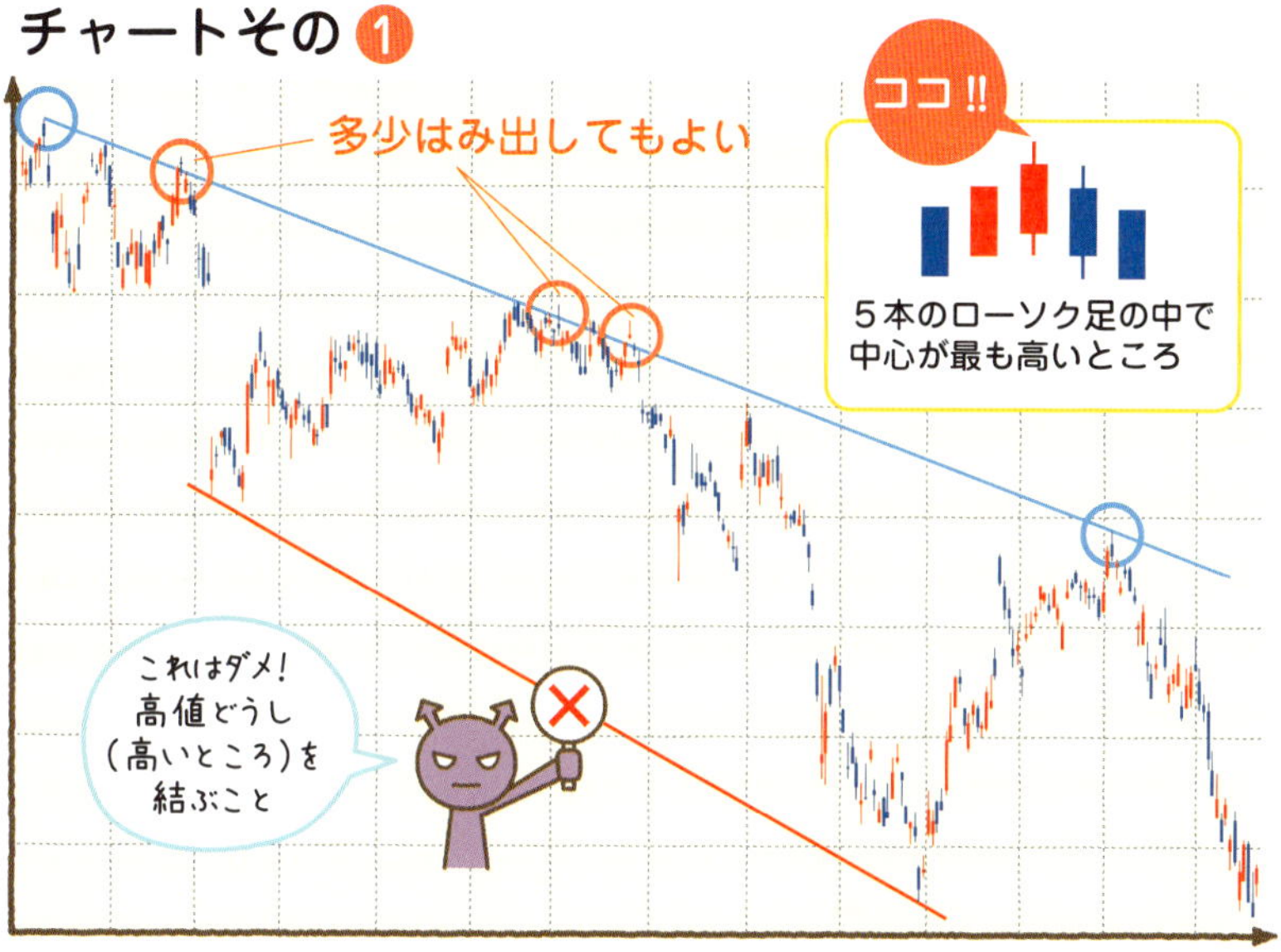

チャートその 2

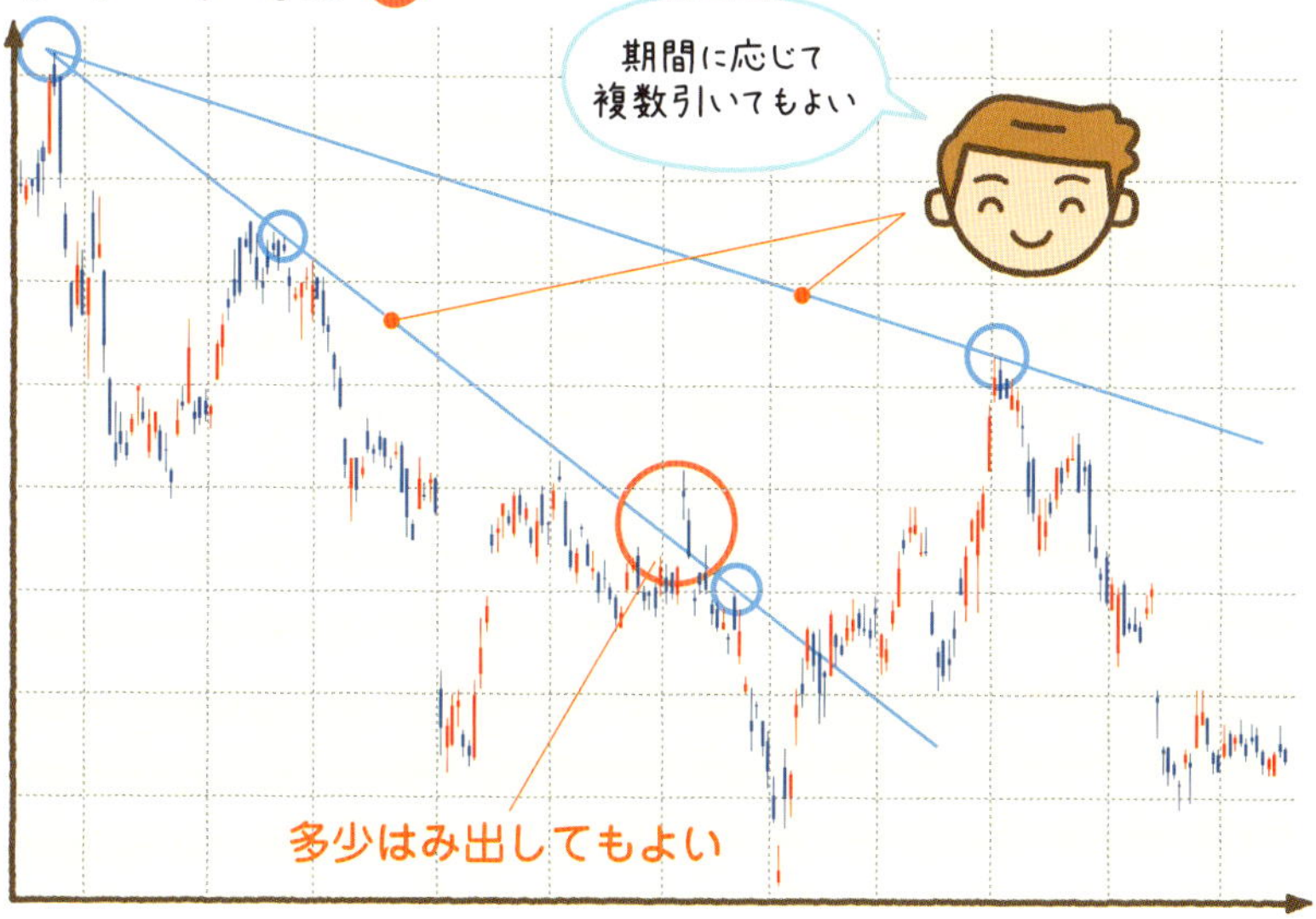

45 銘柄の選び方上級編

出来高の変化に注目

投資

トレード

流動性の「変化」に注目する

トレードする際の銘柄選びのコツは「流動性と値動きの幅である」と、88ページで述べています。ここではさらに踏み込んだ銘柄選びのポイントを解説します。

今後大きく上昇していくだろう銘柄の特徴、**それは「出来高」が「変化」していることです**（混乱しやすい箇所なので、ここでは流動性＝出来高と考えてください）。

では、注目すべき出来高の変化とはどういうものか。それは**ある日を境として、出来高がそれまでの水準の倍以上になること。**場合によっては10倍以上になることもあります。

この出来高の変化を見つけて、日々監視していくことが、大きな利益につながっていくのです。

出来高急増！その後の推移に注目

出来高が大きく増え始めたら監視を始めます。たいていの場合は株価の上昇を伴います。

その後いったん出来高が落ち込むのですが、そこで監視をやめるのではなく、そのまま監視し続けてください。

このとき、株価が上昇前の水準に戻ってしまったら、そこで監視をやめます。

でも、**元の水準に戻らずに、再度出来高の増加を伴いながら株価が上昇していくことがあります。**このタイミングにうまく乗ると、大きな利益を得ることができるのです。

出来高の増加をその日だけで判断するのではなく、その後の推移をきちんと監視していくことが重要なのです。

株価上昇・出来高急増後はチャンス

PART 5
明日から利益を上げる9つのコツ

用語解説

調 整

株価が大きく上昇・下落した後、横ばいで推移したり、多少反落・反発したりする状態を「調整」と呼ぶ。

大きく上昇した後に調整をはさんで急落することもあるが、もう一段、さらに上昇をすることもある（上のチャートを参照)。

たとえば大きく上昇した後の調整が、上昇幅の3分の1程度だった場合、この調整は次の上昇の準備と見ることができ、再び上昇し始めたときに買うと、大きな利益になることがある。

46

買うタイミング上級編

「買い」のシグナルを見極める

投資

トレード

株価上昇中は買い戦略で攻める

株の世界には「トレンドはフレンド」という言葉があります。株価が上昇中に株を買う。下落中に空売りをする……「トレンド＝流れ」に逆らわず、流れに乗るように売買するのが基本となります。

では、どこで買うのがいいのでしょうか。94ページでは、売買代金が急増して、節目を突破した銘柄とありました。それが具体的にどこなのかを説明します。

ポイントは「上昇トレンド中にある、小さな上値抵抗線を突破したところ」です。チャートの形が三角に見えるところから「三角持《さんかくもち》合《あ》い」と呼ばれるチャートのパターンになります。

「三角持合い」が上放れのとき

株価は上昇中なので、長い下値支持線を引けます。そのなかに短めの上値抵抗線を引き、その節目を突破したときが買いのタイミングとなります。このとき、売買代金（出来高）が一気に増えているのもわかります。**「売買代金の増加」「節目の突破」**……この二つはとても重要なので覚えてください。また、注意点として、ロスカットをきちんと行ってください。

左ページ、チャート①の青い丸のところが買いのポイントです。チャート②の青い丸のところも買いのポイントになります。高いところで買って、より高く売るというのがこの方法の特徴です。

流動性があるのでロスカットがしやすい（売りたいときに売れる）のです。**きちんとロスカットをすれば、チャンスは広がり、損失も限定的です。**

買いは「上値抵抗線」を突破してから

※特典映像も参照

チャート 1

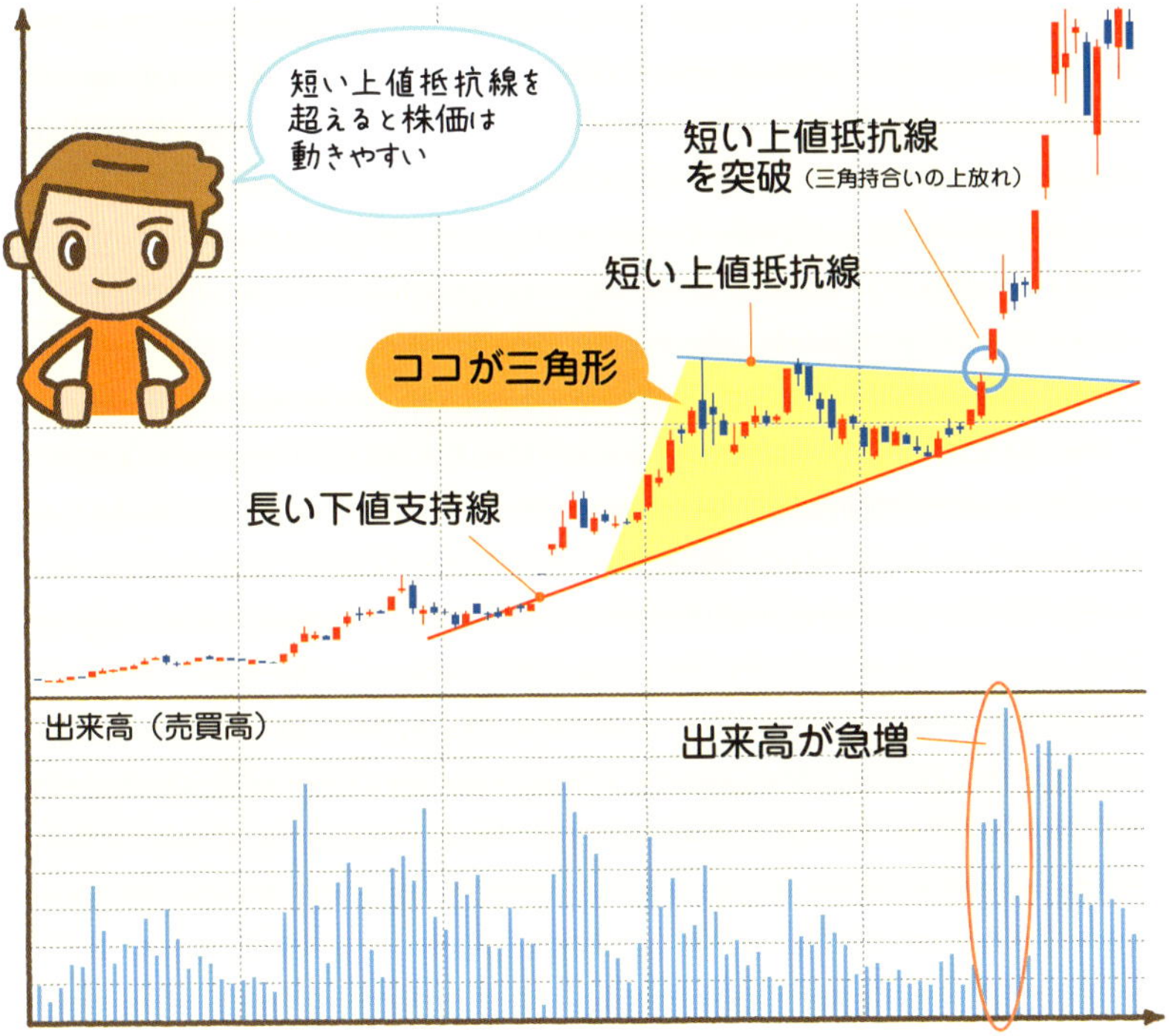

チャート 2

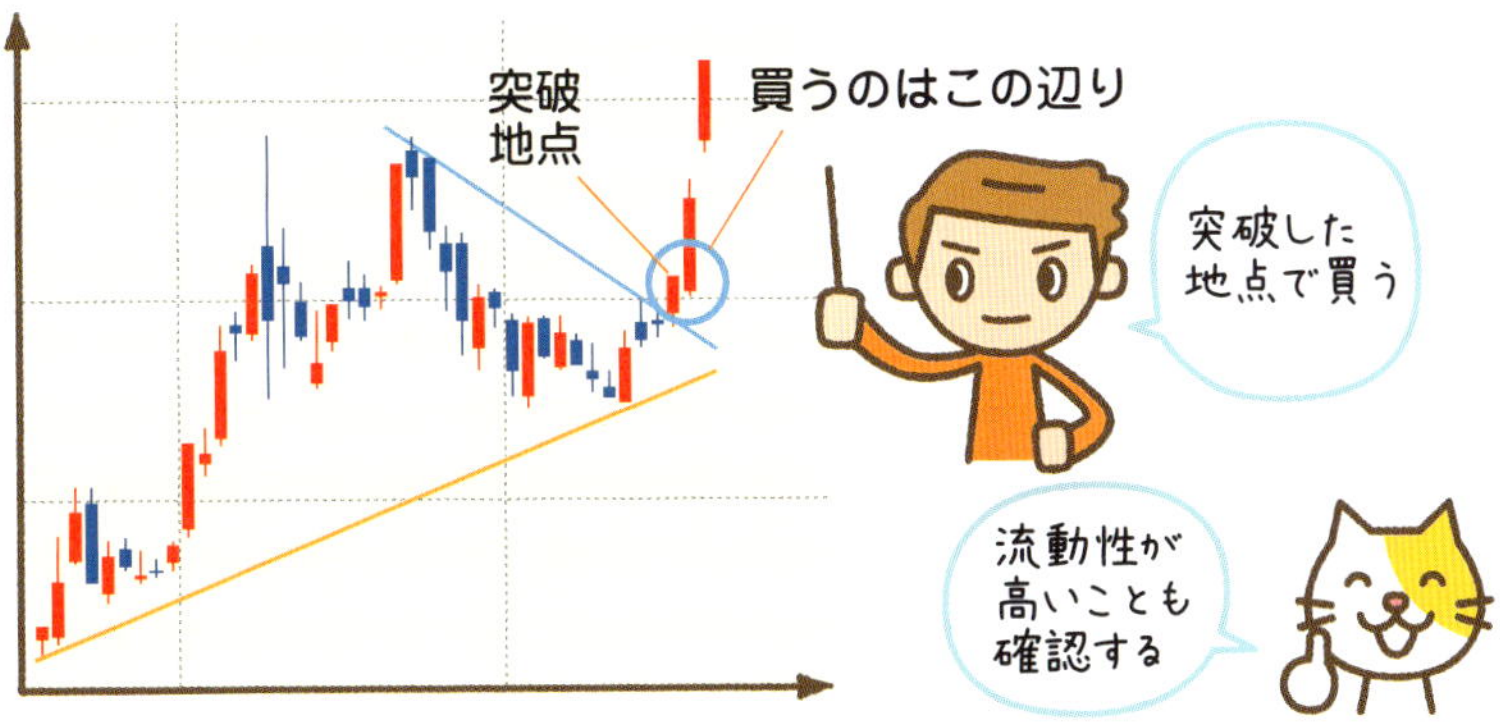

47

空売りのタイミング上級編
「空売り」のシグナルを見極める

投資
トレード

空売りは きちんと知れば怖くない

「空売り」と聞くとなんだか怖いと思ってしまう人もいます。

ですが、トレードに空売りは避けて通れません。たった一つのポイントを押さえておけば、空売りは怖くなく、利益を上げる武器になります。

それは「売買代金が30億円以上の流動性のある銘柄」です。 これだけで、きちんと損失管理ができるようになります。

大きな流動性がある（出来高が多い）ので、売買がちゃんと成立し、きちんとロスカットができるからです。

「三角持合い」が 下放れしたとき

株価は下落中なので、長い上値抵抗線を引くことができます。そのなかに短い下値支持線を引き、その節目を突破するときが空売りのタイミングとなります。

「買い」のときと同様、2本の線が三角に見えるため、「三角持合《さんかくもちあ》い」といいます。節目を突破するときは、買いのときとは違って、出来高が増えていなくてもかまいません。

また、節目となる空売りのポイントが、水平の下値支持線を下放れしたときでもよいです。

三角持合いにはさまざまな形があります。下値支持線が長かったり短かったり、水平だったり斜めだったりといった具合です。どの形がいいということはありません。

これは買いの場合も同様です。トレンドチャートを見たらまず、トレンドラインを引いて、それから三角を探すとよいでしょう。

空売りは「下値支持線」を突破したら

●いろいろある三角持合いのパターン

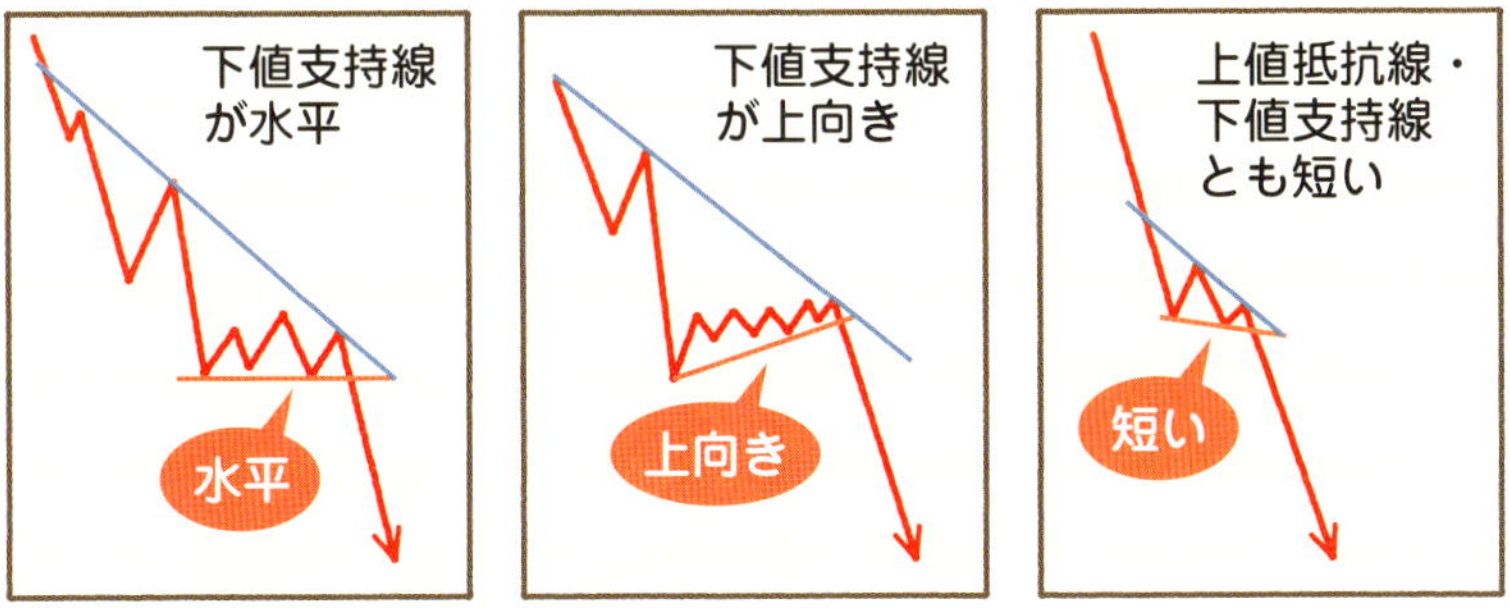

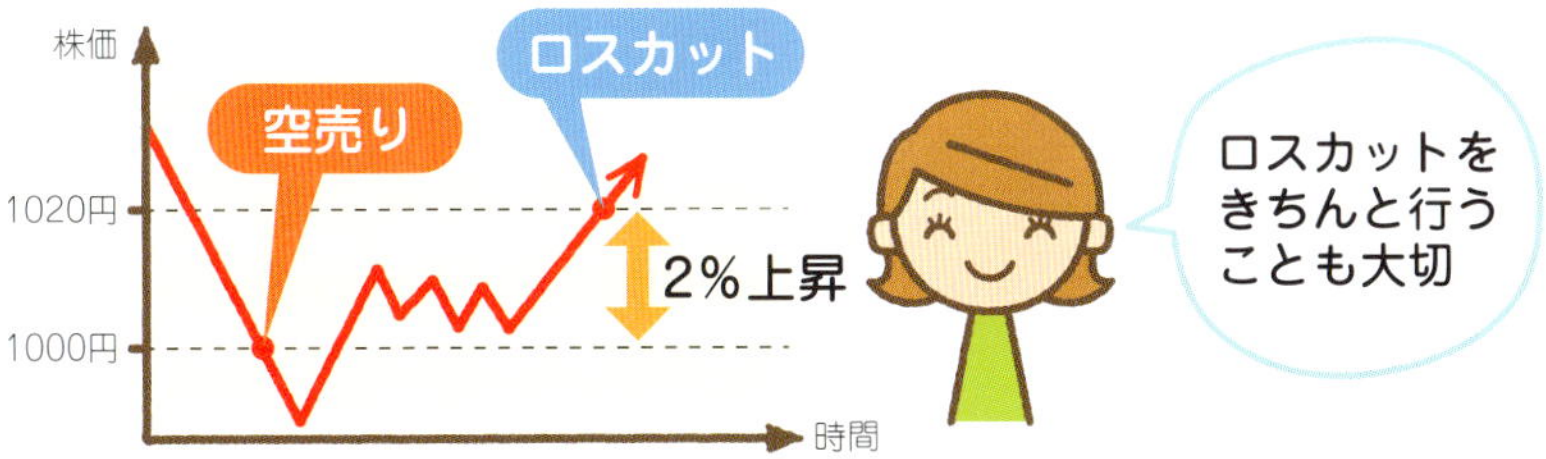

※ここでは便宜上、株価の2%上昇としていますが、実際は資金の2%分の損失が出たときです

投資

トレード

48 人気のテーマ株をチェック

テーマ株は注目の的！短期間で大きく稼ぐ

株式市場（マーケット）には、そのときどきで注目される業種や銘柄があります。

たとえば、人工知能の最新技術が話題になれば、**それに関連する企業が注目され、一気に資金が集中して株価が上昇することがあります。**ドローンだろうがゲームだろうが、なんらかのトピックが話題になったときにも、同じように関連企業が人気となり、注目されることがあります。

このような、**旬で人気の銘柄群を「テーマ株」と呼びます。テーマ株には資金が集まりやすく、株価が短期間で大きく上昇することが多いので、注視する必要があります。**

日頃から情報をキャッチ！

テーマ株は日々のニュースや株式市場のランキング、さらに前述した「出来高の変化」に注意していれば、見つけられます。

同じ業種の銘柄がつねにランキングの上位にいたり、同じ業種の銘柄の出来高が、同時に変化したりしたときなどは要注意です。

ただ、注意すべきこともあります。それはテーマ株に気づくのが遅かった場合です。

すでにテーマの盛り上がりが一段落し、株価が十分に高くなっている状態のときです。そういった株は、いったん人気がなくなると急激に下落しがちです。

ネットの掲示板などで盛り上がる前にこのような銘柄を見つけるには、日頃からアンテナを張って、マーケットと向き合っていくことが大切です。

テーマ株は短期間で上昇しやすい

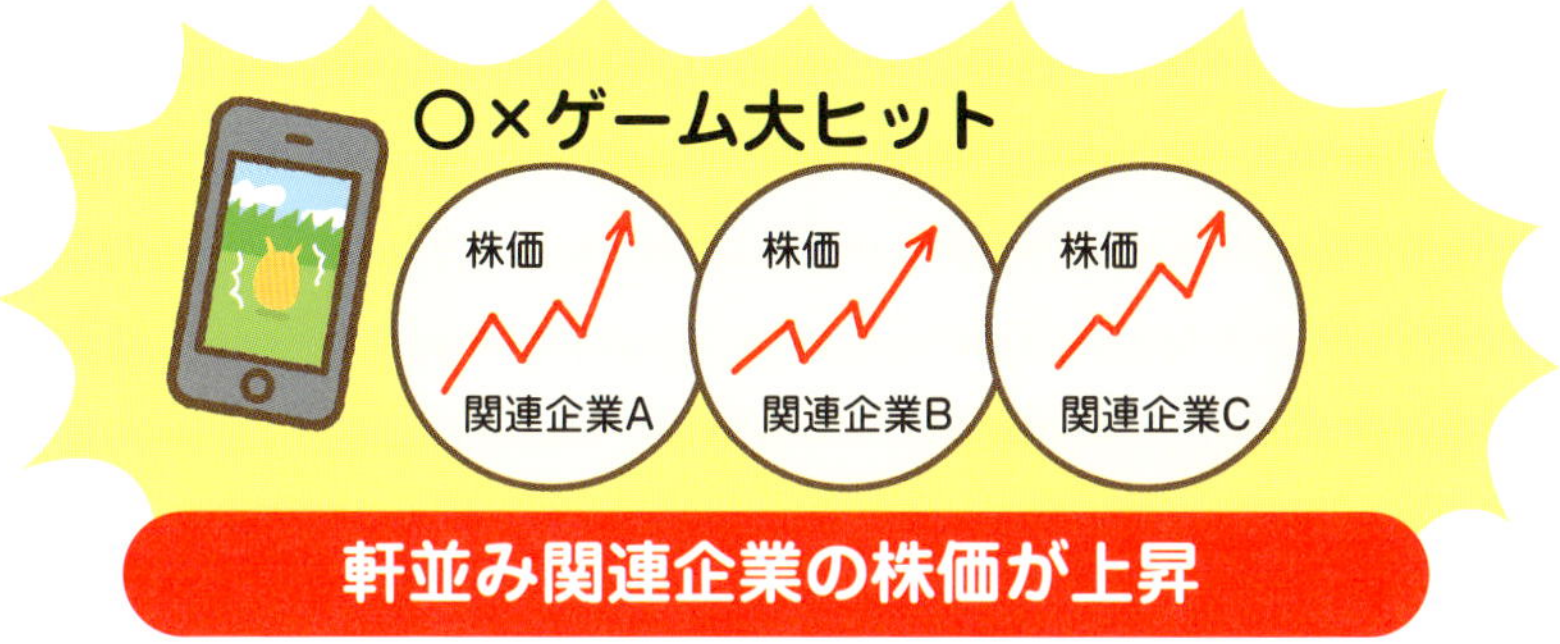
○×ゲーム大ヒット
株価
関連企業A
株価
関連企業B
株価
関連企業C
軒並み関連企業の株価が上昇

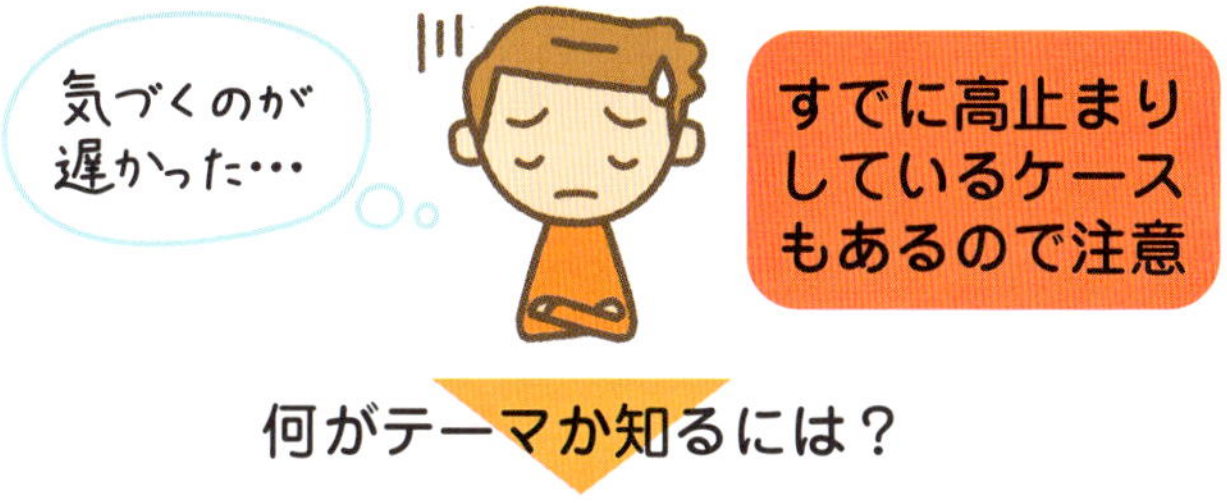
気づくのが遅かった…
すでに高止まりしているケースもあるので注意
何がテーマか知るには？

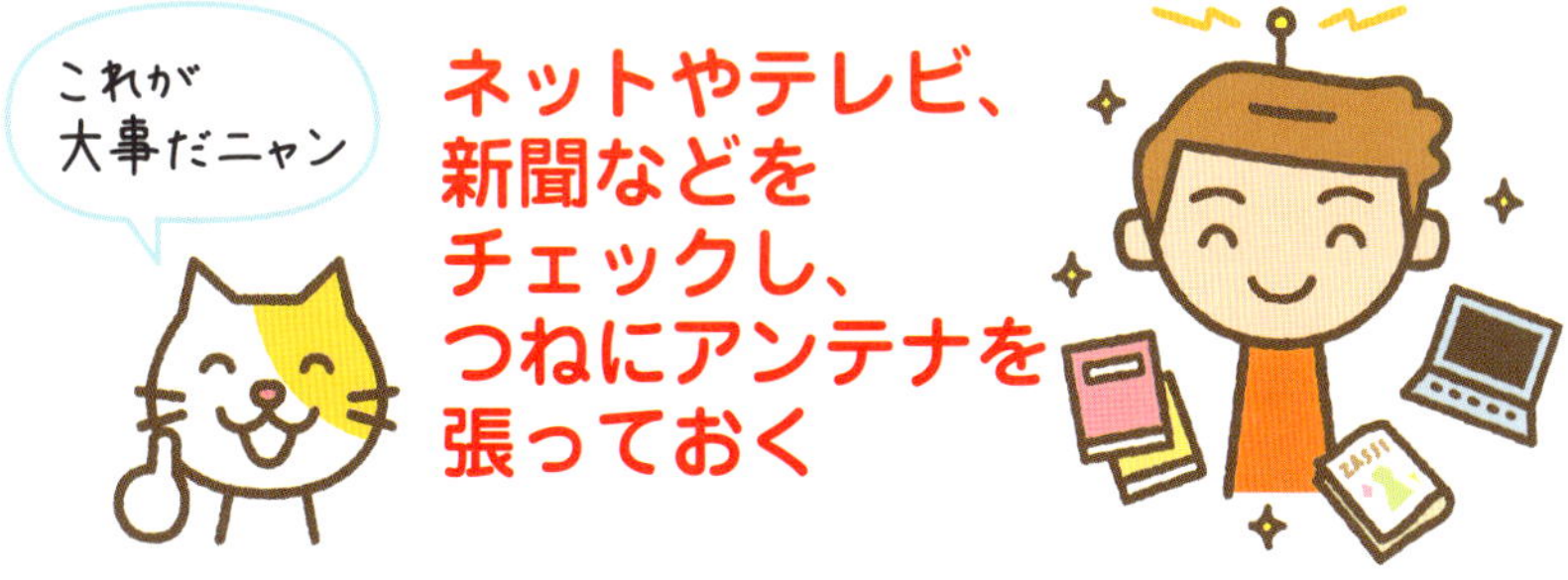
これが大事だニャン
ネットやテレビ、新聞などをチェックし、つねにアンテナを張っておく

●テーマ株の例

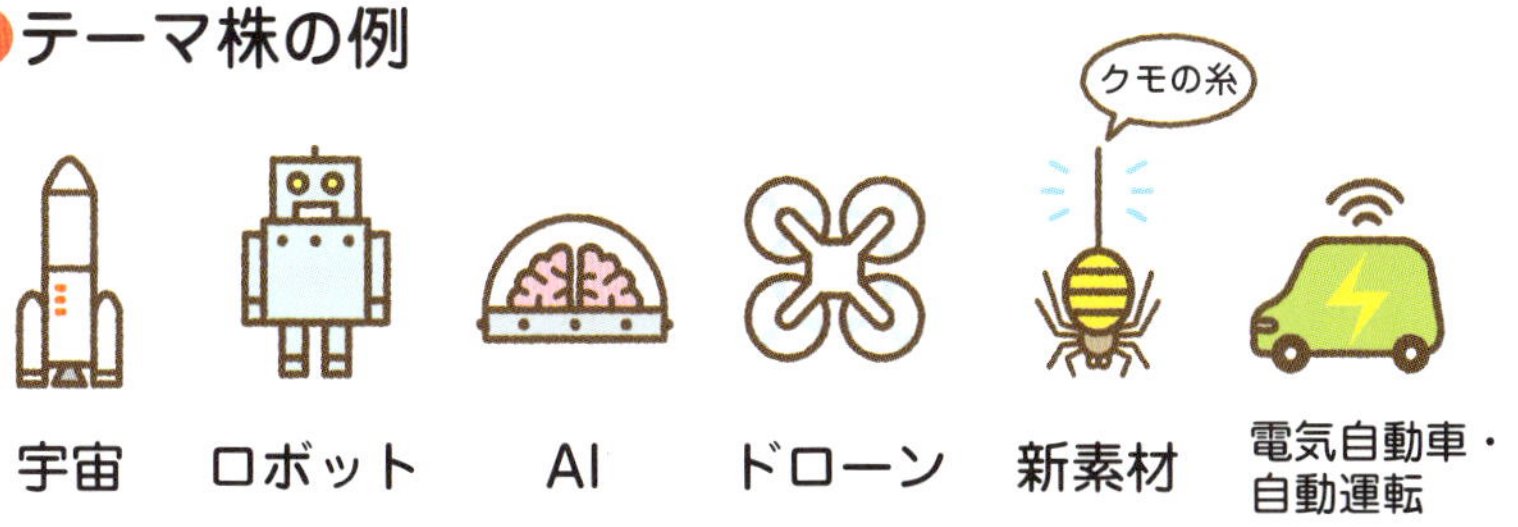
クモの糸
宇宙
ロボット
AI
ドローン
新素材
電気自動車・自動運転

スマートフォン、タブレット、パソコンで見られる！
読者限定【無料】特典映像の内容

初めての人が
株で最初に勝つための

5つの動画セミナー1時間53分

50万人以上に教え、10年間稼ぎ続ける講師の
ステップバイステップの解説で
画面を見ながら「自宅」で「かんたん」にスタート！

CD-ROM or 専用サイトで2つの映像 39分

1 株で勝つための投資とトレード
2 勝つための銘柄選び（投資編）

無料かんたん登録で追加プレゼント

3 勝つための銘柄選び（トレード編）
4 勝つための具体的な注文方法
5 講師が利用する証券口座の作り方

※WEB編は、インターネットに接続の上、専用のウェブサイトに移動してご覧ください。

今すぐ読者限定【無料】映像を見るには

●以下に記載された①～③のいずれかの方法でご覧いただけます。

① 検索ボックスに「ゼロカブコム」を入力してサイトを検索

ゼロカブコム　検索

② 下記URLを直接入力して専用サイトにアクセス

zkabu.com

③ CD-ROMドライブ付きのパソコンで映像を見る

●Windowsをご利用の方

CD-ROMをコンピューターに挿入すると自動再生でソフトウェアが実行されます。
実行されない場合は、「forWin」をダブルクリック等で実行してください。

●Macintoshをご利用の方

「forMac」をダブルクリック等で実行してください。

※CD-ROM、検索、URL入力のいずれも同じ特典動画が視聴できます。

合計5つの映像の中から、2つの映像を本書付属のCD-ROMに収録しました。こちらはパソコンで見ることができます。

◆CD-ROMの内容の一部または全部の複製および無断転載を禁じます。

⚠【警告】このディスクは「CD-ROM」です。

DVDプレイヤー、音楽プレイヤーでは絶対に再生しないでください。
大音量によって耳に障害を被ったり、スピーカーを破損する恐れがあります。

●動作環境　◆付録閲覧のためのインターネット接続（ADSL以上を推奨）

Windows

◆ソフトウェア　MicrosoftWindows XP、または Windows Vista、または　Windows 7、Windows Media Player 10以上

◆ハードウェア　Intel Pentium M 1.5GHz、または同等以上のスペックCPU,
Windows XPで512MB以上、
Windows Vista 及び Windows 7 で1GB以上のRAM、
700MB以上のハードディスクの空き容量

Macintosh

◆ソフトウェア　Mac OS X 10.4 (Tiger) 以上、QuickTime7 以上

◆ハードウェア　Intel CPU、512MB以上のRAM(1GB以上を推奨)
700MB以上のハードディスクの空き容量

TEL:03-3216-7354　営業時間 月～金 午前9時～午後5時（土・日・祝日休み）
株式会社トレジャープロモート　問合せメールアドレス info@tpromote.com

監修者

柴田博人　しばた ひろひと

1968年生まれ。東京都出身、建築工学専攻。26歳から独立する起業家。投資は株以外にも不動産投資にも精通し、国内、海外を問わず複数の物件を所有。ビジネス構築においてもプロであり、複数の会社の経営に携わる傍ら、経営者育成も行っている。英国宇宙開発企業と宇宙飛行士として宇宙船搭乗契約も交わしている。監修書に『心をひらく〜あなたの人生を変える松下幸之助〜』（ジェームス・スキナー著・PHP研究所）、『株の学校　改訂新版』（窪田剛著・高橋書店）、著書に『デキない人のお金の使い方×デキる人のお金の使い方』（竹松祐紀共著・CCCメディアハウス）などがある。

著者

窪田剛　くぼた つよし

1981年生まれ。長野県出身。トレーダー。数日から数週間保有するスイングトレードがメイン。宇宙や医療関連ベンチャーにエンジェル投資を行っているほか、海外株や国内外不動産、レストランにも投資を行っている。28歳の時にネパールに学校を寄付する。震災後は「東北を、日本を、花火で、元気に。」というコンセプトのライトアップニッポンに参加。著書に『株の学校　改訂新版』（柴田博人監修・高橋書店）がある。

X（旧Twitter）ID：@kubotat

株の学校　超入門

監修者　柴田博人

著　者　窪田　剛

発行者　高橋秀雄

編集者　原田幸雄

発行所　**株式会社 高橋書店**

〒170-6014 東京都豊島区東池袋3-1-1 サンシャイン60 14階

電話　03-5957-7103

ISBN978-4-471-21079-3　©SHIBATA Hirohito, KUBOTA Tsuyoshi　Printed in Japan

本書の内容についてのご質問は「書名、質問事項（ページ、内容）、お客様のご連絡先」を明記のうえ、郵送、FAX、ホームページお問い合わせフォームから小社へお送りください。

回答にはお時間をいただく場合がございます。また、電話によるお問い合わせ、本書の内容を超えたご質問にはお答えできませんので、ご了承ください。本書に関する正誤等の情報は、小社ホームページもご参照ください。

【内容についての問い合わせ先】

書　面　〒170-6014 東京都豊島区東池袋3-1-1 サンシャイン60 14階　高橋書店編集部

F A X　03-5957-7079

メール　小社ホームページお問い合わせフォームから　（https://www.takahashishoten.co.jp/）

【不良品についての問い合わせ先】

ページの順序間違い・抜けなど物理的欠陥がございましたら、電話03-5957-7076へお問い合わせください。ただし、古書店等で購入・入手された商品の交換には一切応じられません。